LES DÉCEPTIONS

D'UN

RÉPUBLICAIN

AVENTURES RÉCENTES

SUIVIES DE

QUI VIVE?

ANECDOTE DES GUERRES DE L'EMPIRE

PAR M. J. BORDOT

PLANCY
Société de Saint-Victor pour
les bons livres.

ARRAS
Rue Ernestale, N° 289

PARIS
SAGNIER et BRAY, Libraires,
rue des Saints-Pères, N° 64.

AMIENS
Rue de Noyon, N° 47.

1853

PROPRIÉTÉ

Plancy, typ. de la Société de Saint-Victor. J. COLLIN, imp.

LES DÉCEPTIONS

D'UN RÉPUBLICAIN

APPROBATION

—

Je soussigné, membre de la commission instituée par Sa Grandeur Monseigneur l'Évêque de Troyes pour l'examen des livres, déclare avoir lu *les Déceptions d'un Républicain*, récit suivi d'une anecdote intitulée *Qui Vive ?* par M. Bordot, et n'y avoir rien trouvé de contraire à la religion ni aux mœurs.

P. AUGER.

Troyes, le 30 janvier 1852

Ledru-Rollin

AVANT-PROPOS

Les événements que nous nous proposons de retracer ici ne sont pas, comme on pourrait le croire, un récit imaginaire, une fable inventée à plaisir, et plus ou moins bien habillée d'oripeaux plus ou moins dramatiques. Ce n'est point un *roman* que nous allons écrire ; c'est un récit que nous allons faire, une *histoire vraie* que nous allons raconter.

Si nous avons ajouté à cette *histoire vraie* quelques péripéties et quelques personnages, c'est afin de lui donner, sinon plus d'intérêt, au moins une forme plus attachante. Réduite à sa plus simple expression, c'est-à-dire à la stricte narration des faits, notre œuvre eût dû prendre le titre et revêtir le style de tous les *Mémoires* possibles, et eût peut être ainsi perdu de son attrait, en concentrant tout l'intérêt

1

sur un seul personnage, notre héros : *le République déçu.*

En faisant apparaître, autour de ce héros, quelques personnages secondaires, il nous a semblé que l'ensemble ne pourrait qu'y gagner, et que quelques coups de pinceau, inspirés par la fantaisie et l'imagination, ne feraient rien perdre au tableau de sa couleur historique, tout en évitant la monotonie de la forme.

Nous aurions pu, nous le répétons, écrire tout au long des noms qui sont ceux d'hommes vivants, et dont plus d'un se reconnaîtra dans notre récit. Il va sans dire que nous avons dû remplacer ces noms véritables par des noms d'emprunt; et sans doute notre héros lui-même, excellent père de famille, fort dégoûté maintenant des honneurs politiques et fort heureux de vivre désormais obscur et inconnu au milieu des siens, nous saurait mauvais gré, si ce n'est plus, de livrer à la publicité un nom respecté, dont un moment d'erreur n'a pu entacher l'honorabilité bien connue.

Cela dit, et sans plus de préambule, nous entrons en matière, en demandant à nos lecteurs indulgence pour les fautes d'autrui, et surtout pour nous-même, qui, en acceptant la tâche de les retracer, nous trouverons amené quelquefois à apprécier des évènements politiques, et à évoquer des souvenirs qui demanderaient une plume éprouvée et un talent d'élite, — deux choses qu'hélas! il ne dépend pas de nous d'offrir au lecteur.

I

LE 24 FÉVRIER 1848

Il est midi. De temps en temps on distingue, en prêtant l'oreille, le bruit de quelques coups de feu qui se succèdent et quelquefois se pressent rapides comme des feux de peloton. Au pont Marie, où le vent apporte ce bruit de mousqueterie, il semble qu'il vienne du château des Tuileries.

Deux hommes sont arrêtés sur le pont Louis-Philippe, alors désert. Ils écoutent inquiets et paraissent interroger le vent qui souffle dans cette direction. De temps à autre, et quand la tempête s'apaise un instant, ils échangent vivement quelques paroles. L'un de ces hommes est vêtu d'une soutane noire, serrée aux reins par une ceinture de moire. Il porte des souliers à boucles d'argent ou d'or, et des bas de soie. Son chapeau, qu'il tient à la main, est le chapeau rond à larges bords et de forme basse adopté par les membres du haut clergé parisien. Sa physionomie, qui dénote l'anxiété, est cependant sereine. L'homme qui l'accompagne, et qui porte le costume laïque, semble être son inférieur, et lui répond quand il l'interroge, mais sans jamais prendre le premier la parole.

Au moment où une nouvelle décharge, plus nourrie et plus prolongée que les autres, vient de se faire entendre, un troisième personnage paraît au bout du pont.

— Ah! enfin, voici notre messager, dit le prêtre avec une sorte de satisfaction, en apercevant le nouvel arrivé qui s'avançait d'un pas rapide.

— Monsieur l'abbé. fit celui-ci, dès qu'il fut à portée de la voix, tout est perdu. La royauté ne se défend déjà plus. Avant une heure, le peuple sera maître de Paris.

— Mais c'est impossible ! Hier encore tout semblait rentrer dans l'ordre.... Voyons, dites, qu'avez-vous vu ?

— Oui, vous avez raison, monsieur l'abbé, c'est impossible, et pourtant cela est. A l'heure qu'il est, la ville entière est couverte de barricades ; et cela ne serait rien encore ; mais la troupe, le pouvoir lui-même, paraissent démoralisés. On s'aperçoit qu'aucun ordre n'est donné et qu'on laisse massacrer à leur poste les braves qui se défendent encore. Un instant, j'ai cru tout sauvé. On parlait d'abdication, de régence... Mais des hommes qui semblent obéir à un mot d'ordre s'opposent sur tous les points à la transmission de cette nouvelle. Encore une fois, à moins d'une décision énergique, d'un effort sérieux et bien dirigé, tout est perdu. La garde nationale hésite. Elle comprend sans doute qu'il est trop tard et qu'elle a été trop vite, mais elle n'a pas le courage de revenir sur ce qu'elle a fait. Chacun est inquiet, tourmenté...; mais personne ne se décide à soutenir ce trône qui tombe..., qui est tombé peut-être maintenant.

A cet instant un groupe nombreux d'hommes en blouse, d'enfants, et de femmes, apparut dans la rue Louis-Philippe. Un cri, répété par toute cette foule, arriva aux trois personnages arrêtés au bout du pont. Tous trois se regardèrent étonnés, terrifiés, n'osant répéter le cri qu'ils avaient entendu, bien entendu : *Vive la République!*

Le premier moment de stupeur passé, le nouveau-venu reprit la parole.

— Je vous l'avais bien dit, monsieur l'abbé, fit-il tout bas.

— C'est peut-être un cri d'essai, répondit l'abbé : — mais, quoi qu'il en soit, ajouta-t-il d'un ton ferme et résolu, en faisant signe de la main à l'homme qui l'accompagnait, rentrons à l'archevêché. — Quant à vous, monsieur, retournez d'où vous venez, et, dès que vous saurez quelque chose de précis, venez me le dire.

Ces dernières paroles s'adressaient à celui qui avait rempli l'office de messager. S'inclinant avec respect, il se mit aussitôt en devoir d'exécuter l'ordre qu'il venait de recevoir, et partit d'un pas rapide dans la direction du château des Tuileries.

Quant à l'abbé et à son compagnon, ils prirent en effet le chemin de l'archevêché, alors rue Saint-Louis-en-l'Isle, où ils arrivèrent peu d'instants après.

Le premier, après avoir dit quelques mots à l'homme qui l'accompagnait, traversa précipitamment la cour, monta le perron qui conduisait à l'escalier d'honneur, le franchit sans s'arrêter, et, dépassant plusieurs salons déserts, pénétra dans une vaste pièce où un huissier se tenait debout.

— Monseigneur est là? demanda-t-il.

— Oui, monsieur l'abbé, répondit l'huissier.

Sans se faire annoncer, l'abbé ouvrit une double porte placée à gauche de la salle, et, sans se donner le temps de reprendre haleine, entra dans le cabinet où se tenait l'archevêque de Paris.

Le prélat était assis auprès d'une table. Il écrivait. Au bruit que fit la porte en s'ouvrant, il releva la tête, et, montrant une chaise de la main, il fit signe à l'abbé de s'asseoir.

Après avoir salué respectueusement, celui-ci prit place en face du prélat, qui continuait d'écrire. Il eut ainsi le temps de reprendre haleine.

La physionomie de l'archevêque était pleine de calme et de sérénité. On eût dit qu'il ignorait complètement les événements graves qui se passaient. Rien dans son costume ne décelait la haute dignité dont il était revêtu ; car il portait, comme l'abbé maintenant assis auprès de lui, une soutane noire fort simple. Il continua d'écrire quelques instants ; puis déposant sa plume, il releva la tête ; et, attachant sur le nouvel arrivé un regard doux et pénétrant à la fois :

— Eh bien ! monsieur l'abbé, dit-il, quelles nouvelles m'apportez-vous ? Vous paraissez fort agité, et vous semblez être venu ici très vite, si j'en juge à votre respiration saccadée et haletante. Parlez, monsieur l'abbé, je vous écoute.

— Monseigneur, répondit l'abbé, dont la physionomie et l'attitude trahissaient en effet le trouble intérieur, nous touchons,- -si nous n'y sommes arrivés déjà, — à un bouleversement, à une révolution. L'homme que j'avais envoyé m'a rapporté des renseignements tels que le doute ne m'est plus permis; et tout à l'heure j'ai entendu moi-même des cris qui m'autorisent à croire que, si le trône tombe encore une fois, comme il y a dix-huit ans, renversé par le peuple, un autre trône ne le remplacera pas.

— Expliquez-vous, je vous prie.

— Je veux dire, Monseigneur, qu'à l'instant même et à deux pas d'ici, on criait : *Vive la République !* C'est assez signaler, je crois, le danger qui vous menace, Monseigneur, qui menace le pays.

— Que la volonté de Dieu s'accomplisse ! dit le prélat en se levant et en tournant vers le ciel un regard rempli de piété et d'espérance : mais puisse sa divine volonté épargner à notre chère patrie de cruelles épreuves !... Quant à moi, reprit-il, son serviteur, je suis disposé à accepter résigné toutes celles qu'il lui plaira de m'envoyer. Nous allons marcher encore une fois, dites-vous, monsieur l'abbé, c sur ce sable mouvant des révolutions, prêt à engloutir les hommes et les choses; il n'engloutira, voyez-vous, ni Dieu ni la religion. Que ceux à qui écherra la tâche ardue de se conduire et de conduire les autres dans cette route difficile, que ceux-là ne regardent pas derrière eux, mais devant eux; qu'ils songent, non point à ce monde qui peut les méconnaître, mais à celui où rien n'est méconnu par une justice suprême et infaillible…. N'oublions pas que nous sommes avant tout les hommes de Dieu et non les hommes d'autres hommes; n'oublions pas que la charité doit marcher avec nous partout et toujours, et que nous sommes les représentants d'une religion de paix, de concorde et d'humanité…

L'archevêque s'arrêta. Sa figure, empreinte d'un rayonnement divin de cette charité et de cette foi qu'il recommandait aux autres, s'était illuminée d'une expression de douceur infinie et d'énergique volonté à la fois. Les deux bras croisés sur sa poitrine, le prélat semblait se dévouer d'avance, le cœur rempli d'espérance et de joie, au sort qui l'attendait, au martyre — qu'il devait subir un peu plus tard.

Après s'être recueilli quelques instants, revenant au sujet qui l'avait entraîné :

— Monsieur l'abbé, dit-il, j'ose croire encore que les événements auront un résultat meilleur que vous ne semblez le penser... Avez-vous donné des ordres pour qu'on vous tînt au courant de la situation ?

— Oui, Monseigneur, l'homme qui m'a rapporté les nouvelles qui me font tout redouter, ainsi que j'ai eu l'honneur de vous le dire, doit revenir me trouver ici, et bientôt sans doute...

— C'est bien, monsieur l'abbé, veuillez me laisser seul, je vais continuer à travailler.

Et, congédiant le prêtre d'un geste affable et digne à la fois, le prélat reprit sa plume et se disposa à recommencer son travail interrompu.

Mais à cet instant on heurta à la porte, et l'huissier que nous avons vu dans le salon voisin entra tout effaré.

— Monseigneur, dit-il en s'inclinant, une personne sûre vient de faire savoir qu'il importe de renvoyer, si on ne veut les exposer à la mort, les gardes municipaux qui composent le poste de l'archevêché; on assure que le peuple, victorieux, les poursuit avec fureur, et que, sur plusieurs points où ils se sont défendus, ils ont été massacrés. Qu'ordonnez-vous, Monseigneur?

— Qu'ils partent immédiatement, fit l'archevêque en se levant vivement.

— Mais, Monseigneur, objecta l'abbé, l'archevêché restera sans défense, et peut-être...

— Qu'ils partent immédiatement, répéta le prélat; et, si le danger est imminent, qu'on fasse en sorte de leur procurer les moyens de regagner leur quartier sous des habits d'emprunt... Allez vite!

Et, s'adressant à l'abbé :

— Que pourraient faire, ajouta-t-il, quelques soldats, contre le torrent populaire, s'il est victorieux sur tous les points! Ils mourraient à leur poste, sans doute : mais leur se-

rait-il possible de résister longtemps? Ne con-
fions pas aux baïonnettes d'une poignée
d'hommes notre vie, qui appartient à Dieu...

Une demi-heure plus tard, le messager que
nous connaissons déjà était revenu. Le doute
n'était plus permis. La royauté était tombée,
la république était proclamée, un gouvernement provisoire était établi à l'Hôtel-de-Ville.
Les événements avaient marché vite. Un grand
nombre de membres du haut clergé, entou-
rant l'archevêque de Paris, le suppliaient de
quitter l'archevêché et de chercher momenta-
nément un refuge dans une maison sûre. L'archevêque hésita longtemps ; mais, pressé
par ses amis, ébranlé par les observations
et les prières qui lui étaient faites, il consen-
tit enfin à accepter un asile chez un des secré-
taires de l'archevêché, qui demeurait rue Lesdiguières, près la place de la Bastille, et où
l'abbé de Calonne (l'ecclésiastique qui lui avait
apporté les premières nouvelles) s'offrit de le
conduire.

Il était deux heures, et l'aspect que présentaient alors les rues de Paris, et surtout celles

de ce quartier voisin de l'Hôtel-de-Ville, était effrayant. Sur tous les points, des barricades avaient été construites à la hâte, avec des voitures qu'on avait renversées et les pavés qu'on avait arrachés du sol et qui formaient ainsi de véritables forteresses. Ces barricades étaient toutes gardées par des hommes du peuple, armés jusqu'aux dents, et dont l'attitude menaçante dévoilait assez les intentions hostiles.

Cependant l'archevêque et l'abbé de Calonne arrivèrent sans trop de difficultés jusqu'au pont Marie; mais là ils se trouvèrent en face d'une barricade plus formidable encore que celles qu'ils avaient déjà dépassées, et sur laquelle flottait un drapeau rouge. Ils se disposaient à l'escalader, comme ils avaient fait des premières; mais ils furent tout à coup entourés par les soldats improvisés qui s'en étaient constitués les gardiens et les défenseurs; et, en un instant, ils furent cernés par plusieurs individus qui leur adressaient de vives interpellations, et s'enquéraient, avec une rudesse d'assez mauvais présage, du motif qui les engageait à parcourir les rues par cette journée de bouleversement.

L'abbé de Calonne, prenant la parole, exposa qu'il venait, avec son compagnon, de l'archevêché, où ils avaient affaire, et qu'ils regagnaient l'un et l'autre leur domicile, situé rue de Lesdiguières; mais ces explications ne parurent pas satisfaire les chefs de ce poste improvisé; et déjà quelques paroles cyniques, quelques gestes menaçants avaient été dirigés contre les deux ecclésiastiques, et la rumeur qui croissait avec le nombre des assistants, s'élevant autour d'eux, dominait leur voix et ne leur permettait plus de se faire entendre.

La position était critique, et le prélat, impatient d'en finir avec elle, allait décliner à ceux qui l'entouraient son nom et sa dignité, lorsqu'un jeune homme, presque enfant (il ne paraissait pas avoir plus de quinze à seize ans), se faisant faire place à l'aide de ses coudes et de la crosse du fusil qu'il porte à la main, perce la foule qui entoure l'archevêque et l'abbé de Calonne, et, s'adressant au peuple qui les presse : « Qu'est-ce que c'est, s'écrie-t-il d'une voix perçante qui s'élève au-dessus de toutes les voix des assistants, est-ce qu'on arrête les curés à présent ? Qu'est-ce qu'ils vous ont fait les curés ? Et celui-là surtout, dit-il en désignant de la main l'abbé de Calonne. Je le connais, moi, et je m'en flatte : il y a trois semaines, je le voyais tous les jours venir chez un des camarades de l'atelier, qui se mourait d'une maladie d'aristocrate,—une *esgastrique*, qu'on appelle, je crois,—et qu'on n'avait pas voulu garder à l'hôpital, parce qu'il n'y avait qu'à boire du bon vin et à manger du poulet pour guérir. Le malheur, c'est qu'il n'y avait pas de pain à la maison, pour le mari qui devait lamper du Bordeaux et disséquer du poulet, ni pour la femme, qui avait bon appétit et pas d'*esgastrique*. Triste ordinaire, pas vrai ! Eh bien ! ce citoyen-là, que vous traitiez de calottin tout à l'heure, si j'ai bien entendu, ce citoyen-là, apprenant la position désagréable du camarade, est venu le trouver ; et, sans lui parler, comme vous pourriez le croire, ni du bon Dieu ni des saints, ni de tout le tremblement de son état, il a commencé d'abord par faire entrer le malade à l'hôpital, malgré tout, et a procuré de l'ouvrage à la femme. Aujourd'hui, si Pierre Buquet est debout, c'est grâce au *calottin*, comme vous dites.... Maintenant, mes petits enfants, ça sera-t-il un effet de votre complaisance de lui faire place à lui et à son compagnon, et de les laisser continuer tranquillement leur chemin jusque chez eux, sous l'escorte de votre serviteur Chrétien Bornichon, dit *La Savate*, parce qu'il la pratique à l'occasion avec grâce et persévérance, ce dont il offre d'en donner une preuve à qui en voudra.... »

L'éloquent Chrétien Bornichon, qui était monté pour prononcer son discours sur le timon d'une voiture renversée, sauta lestement à terre, et, prenant sans façon le bras de l'archevêque de Paris, qu'il n'avait pas reconnu, il l'aida à escalader la barricade, tout en se servant de son fusil pour se soutenir et pour garder l'équilibre.

La foule avait admiré la facilité de Chrétien

Bornichon à s'exprimer, et, quand il partit conduisant les deux ecclésiastiques, personne ne songea à s'opposer à leur départ. Bien plus, cette foule, tout à l'heure menaçante, éprouvait pour ces deux prêtres, dont l'un avait secouru un des leurs, un respect et une reconnaissance qui devenaient pour eux une sauvegarde inviolable..

Chacun reprit son poste à la barricade. Les femmes qui s'étaient jointes aux groupes, et qui, il faut bien le dire, n'avaient pas peu contribué à indisposer les hommes contre les deux *soutanes*, comme elles les appelaient, les femmes, disons-nous, s'en furent commenter à loisir l'incident qui venait de se passer, et suivant,—comme il arrive toujours dans le peuple, — les impressions que venait de laisser Chrétien Bornichon jusqu'à les exagérer, elles finirent par faire de l'abbé de Calonne un saint Vincent de Paul, né pour le bonheur de l'humanité en général et le salut des ouvriers en particulier.

Cependant Chrétien Bornichon et ses compagnons avançaient toujours. Partout ils passaient sans difficulté, grâce à l'intervention officieuse de l'enfant de Paris, qui, connu de tous dans ce quartier où il était né, où il avait grandi et où il s'était battu *avec distinction* depuis quinze ans, n'inspirait aucune défiance, et du reste ne se fit pas faute de répéter l'anecdote que nous lui avons entendu raconter à sa manière, en la faisant suivre de la même proposition qu'il y avait ajoutée la première fois, comme un argument décisif.

Il existe vers le milieu de la rue Lesdiguières, située près de la place de la Bastille, dans le quartier de l'Arsenal, un hôtel de belle apparence, et qui, comme tous les hôtels de ce quartier, l'un des plus vieux de Paris, est d'une origine fort ancienne. On le désigne généralement sous le nom de l'hôtel Raymond. Une porte massive à deux ventaux occupe le milieu de la façade. A droite et à gauche s'étend un grand mur blanc et nu, dans l'épaisseur duquel aucune ouverture n'est percée. Comme pour la plupart des anciennes maisons, ce mur sert de clôture à une vaste cour sur laquelle les bâtiments prennent jour. Au fond de cette cour est un perron de plusieurs marches qui conduit à l'escalier principal. A droite est un autre escalier affecté à un second corps de bâtiments, placé en aile et moins élevé que celui du fond. A gauche, la loge du concierge, et des remises et des écuries.

Malgré le mouvement qui agite la capitale, le 28 février, à deux heures et demie, l'hôtel Raymond est calme et silencieux comme d'ordinaire. La porte d'entrée est soigneusement fermée. De temps à autre, cependant, on voit apparaître, sur une terrasse qui domine le mur de clôture de l'hôtel, un homme de haute taille, qui regarde dans la rue avec inquiétude, et semble interroger les clameurs bruyantes qui montent jusqu'à lui.

Au moment même où ce personnage jetait de nouveau au dehors un coup d'œil inquiet et scrutateur, Chrétien Bornichon, suivi de l'archevêque et de l'abbé, faisait résonner le lourd marteau de la porte d'entrée sur son appui de fer.

Aussitôt qu'il eut reconnu à leur costume la

qualité des nouveaux-arrivants, l'homme de la terrasse quitta son poste d'observation. descendit rapidement l'escalier, et se présenta à la porte d'entrée, au moment même où le concierge y arrivait aussi.

— Faut-il ouvrir, monsieur ? demanda celui-ci avec une anxiété visible.

— Oui, oui ! ouvrez vite.

Le concierge obéit; la porte massive roula sur ses gonds, et donna passage aux deux prêtres, suivis de Chrétien Bornichon, leur défenseur.

En apercevant l'enfant armé de son fusil, le concierge, vieillard sans doute fort pacifique, jeta une exclamation de terreur et referma vivement la porte, comme pour protéger l'hôtel contre l'invasion d'autres hommes armés.

L'abbé de Calonne s'aperçut de son mouvement.

— Ne craignez rien, dit-il : ce jeune homme nous a généreusement offert sa protection; et l'arme qu'il porte là a été notre sauvegarde.

Puis, s'adressant au personnage qui se tenait debout, et se découvrant devant lui :

— Nous venons, monsieur, ajouta-t-il, demander l'hospitalité à M. l'abbé Vertot, qui demeure ici : veuillez être assez bon, je vous prie, pour nous faire conduire chez lui.

—M. l'abbé Vertot est absent ; il est parti, dès ce matin, pour aller donner aux blessés et aux mourants les soins de la médecine et les consolations de la religion ; mais ma maison, messieurs, vous est ouverte, et ce sera pour moi un plaisir et un honneur....

Le maître de l'hôtel Raymond n'acheva pas la phrase qu'il venait de commencer. Ses yeux, qui s'étaient arrêtés pour la première fois sur le prêtre qui accompagnait l'abbé de Calonne, s'abaissèrent aussitôt ; et, mettant à la main le bonnet qu'il portait, il s'inclina avec un respect mêlé d'une profonde tristesse devant ce dernier.

Dans cet ecclésiastique, à la contenance modeste, aux allures simples, à la physionomie sereine, mais empreinte d'une douceur angélique en même temps que d'une expresion de résignation toute chrétienne, il avait reconnu le plus haut dignitaire du clergé de Paris, le titulaire du premier archevêché de France.

— Monseigneur, dit-il d'une voix profondément émue, entrez sans crainte dans cette maison qui est la mienne et que votre présence a bénie ; à défaut de la réception brillante qui vous serait due, vous y trouverez l'accueil respectueux d'une famille catholique, et la reconnaissance de cœurs francs, sincères, et dévoués.

Et, montrant de la main au prélat l'escalier d'honneur, le maître de l'hôtel Raymond semblait le supplier de le franchir.

— Monsieur, répondit celui-ci, vivement impressionné du ton pénétré dont avaient été prononcées ces paroles, auxquelles les événements donnaient un cachet de grandeur solennelle, je ne sais si ma présence peut porter bonheur, comme vous le dites ; mais si une bonne action doit trouver toujours sa récompense, si les prières d'un serviteur de Dieu doivent être entendues par lui, il exaucera celles que je lui adresse ici du fond du cœur,

Louis Blanc

et il bénira cette maison hospitalière, cette famille, qui est la vôtre, et au milieu de laquelle ses ministres trouvent, en un jour d'adversité, une réception si touchante dans les circonstances où nous sommes, si rare dans les temps d'incrédulité où nous vivons. . ; j'accepte, monsieur, j'accepte avec joie cette hospitalité que vous m'offrez : acceptez en retour les remercîments sincères et la gratitude profonde de l'hôte que vous recevez aujourd'hui.

Chrétien Bornichon ouvrait de grands yeux et une grande bouche. Il paraissait tout ébahi. Lui aussi était ému de tout ce qui venait de se passer.

— Plus que ça de monnaie, dit-il à part. L'archevêque de Paris ! Et moi qui tout à l'heure l'avais sans façon sous le bras comme le premier camarade venu. . . . C'est pourtant lui qui m'a confirmé. . . . Mais je ne l'aurais pas reconnu. C'est qu'aussi il portait un autre bonnet et une canne en or grosse comme le canon de mon fusil, tandis qu'aujourd'hui il n'a rien qui le distingue de l'abbé de Calonne ; ils sont noirs tous les deux comme une cartouche. . ... Enfin, il ne m'en voudra sans doute pas, car il a l'air d'un bien brave homme, l'archevêque ; pas fier du tout, et puis doux, doux comme une demoiselle. ... Mais il ne s'agit pas de flâner ici ; maintenant que les v'là en lieu de sûreté, allons retrouver les amis.

Chrétien Bornichon se disposait à sortir, en saluant de loin avec sa casquette, qu'il avait prise à la main ; mais l'archevêque, qui s'avançait vers le perron avec l'abbé de Calonne et son hôte, s'aperçut de ce mouvement. D'un signe, il rappela l'enfant de Paris, qui s'avança vers lui en tordant son bonnet dans ses doigts, et comme fort embarrassé de sa contenance.

Mon ami, lui dit le prélat en lui tendant la main, vous êtes un excellent cœur, et je ne vous oublierai pas. Je ne vous remercie pas : ce n'est point avec des paroles qu'on paie des services aussi importants que ceux que vous nous avez rendus, à l'abbé de Ca-lonne et à moi ; mais n'oubliez pas que, si jamais vous avez besoin de moi, pour vous et pour les vôtres, vous trouverez toujours dans l'archevêque de Paris un père affectueux et un ami reconnaissant.

— M. l'archevêque, répondit l'enfant les larmes aux yeux, en pressant dans ses rudes mains la main blanche et admirablement modelée du prélat, ce que j'ai fait ne vaut pas un remercîment ; ce n'était qu'une dette payée. . . .

Seulement je vous demande bien pardon du sans-façon que j'ai eu avec vous dans le chemin. . . . ; c'est que je ne savais pas qui vous étiez. . . , et pourtant, ajouta-t-il en montrant l'anneau placé au doigt du prélat, à cette bague-là, j'aurais bien dû reconnaître la main qui m'a confirmé à Saint-Louis-en-l'Isle.

Et le jeune homme, après avoir salué de nouveau, s'éloigna rapidement, et sortit, son fusil sur l'épaule, heureux et fier d'avoir protégé et conduit sans le connaître l'archevêque de Paris.

Un instant après, le maître de l'hôtel Raymond et ses deux hôtes entraient dans un appartement situé au premier étage, dont la porte se referma sur eux.

Disons maintenant quel était l'homme que nous avons désigné jusqu'à présent sous le titre de maître de l'hôtel Raymond, et qui vient de conduire chez lui l'archevêque de Paris et l'abbé de Calonne.

M. Victor Charrier est un homme de quarante-cinq ans environ ; mais il n'en paraît guère que quarante ; il est grand, osseux ; malgré cela, toute sa personne indique une nature robuste et décèle un tempérament bilieux et impressionnable. Ses traits, auxquels des angles un peu heurtés donnent un caractère étrange, offrent un singulier mélange de douceur et de rudesse, selon les sentiments divers qui s'y reflètent avec une rapidité extraordinaire. En un mot, le masque est chez M. Victor Charrier d'une mobilité excessive, de manière à revêtir les impressions les plus contraires et à présenter les effets les plus opposés. Le front est haut, les cheveux bien plantés. Ils sont longs et noirs, mais semés de quelques poils blancs, et tombent presque sur les épaules. Les yeux sont gris, un peu fauves et surmontés de sourcils très arqués ; le regard, souvent fixe et pénétrant ; la lèvre supérieure, légèrement relevée, donne à la physionomie une expression un peu ambitieuse et hautaine ; une moustache assez épaisse rend encore plus singulier l'ensemble de cette physionomie qui révèle une exaltation extrême.

M. Victor Charrier est vêtu ce jour-là, comme d'habitude, d'une longue redingote noire boutonnée jusqu'à la cravate. Il porte, bien que cette mode date de l'Empire, de hautes guêtres montant aux genoux. Son chapeau affecte la forme romantique, — pointue et à bords larges et relevés, — que l'école de *Notre-Dame de Paris* et d'*Hernani* a mise en faveur après 1830, forme bien délaissée depuis dix ou quinze ans.

En voyant passer Victor Charrier ainsi vêtu, un observateur doit se dire :—Voilà un homme de génie, — car le génie est souvent bizarre, —ou voilà un original. Nous croyons nous que Victor Charrier est plutôt un original qu'un homme de génie. Libre au lecteur

1.

d'en appeler de notre jugement, quand il connaîtra la suite de notre récit, en supposant qu'il lui plaise de le suivre jusqu'au bout.

L'homme dont nous venons d'esquisser le portrait et les allures occupe une position honorable et indépendante. Très jeune, il avait voulu faire de l'industrie; mais ses essais, qui sortaient de la ligne ordinaire, n'avaient pas été heureux. Placé à la tête d'une fabrique importante, il avait rêvé un des premiers et mis en pratique ces doctrines du travail associé que Louis Blanc a exagérées depuis, jusqu'à les rendre impossibles, pour les avoir poussées trop loin. Il avait compté sans l'expérience des choses, sans la connaissance des hommes, sans l'observation du cœur humain. Il s'était créé un monde à lui, qui n'existait que dans son imagination, hélas! trop honnête et trop généreuse pour le monde réel; il avait inventé un *phalanstère ouvrier*, dès avant que Fourrier inventât un phalanstère universel; il avait devancé les plans irréalisables qu'Eugène Sue réalisa plus tard d'un seul coup..., sur le papier, dans les *Mystères de Paris* ; mais que pas un chef d'atelier n'a pu et ne pourra adopter sans se ruiner. Il eut le bon sens de s'arrêter à temps. Il ébrécha sa fortune, il ne la dévora pas tout à fait, et se retira mécontent de son essai, mais non désillusionné de ses rêves. Pour se dédommager, il écrivit dans de petits journaux sans abonnés, fit de petites poésies humanitaires dans de petits recueils philanthropiques sans lecteurs, se fit romantique faute de pouvoir se faire socialiste ; — cette variété intéressante de l'excentrique n'ayant pas encore été inventée ou n'étant pas encore reconnue comme de nos jours. — Il assista aux dix premières représentations d'*Hernani*, et se battit dix fois au parterre, dans le but d'établir, d'une manière irréfragable, que Corneille était un rhétoricien sans talent, et Racine un grammairien sans mérite,, et qu'il n'y avait jamais eu, qu'il n'y avait et qu'il n'y aurait jamais au monde qu'un poète, qui s'appelait Victor Hugo.

Dire qu'il fit des vers à la manière du maître

est inutile. Tout le monde sait que l'école romantique fut ce qui perdit Victor Hugo ; la copie tua l'original, la parodie fit siffler la pièce.

Les élèves outrèrent si bien le genre, qu'ils le déconsidérèrent en moins de temps qu'il ne lui en avait fallu pour s'établir, et qu'ils forcèrent beaucoup de gens à se rappeler pour les admirer les vers non romantiques, mais tout bonnement admirables, de Corneille et de Racine, le rhétoricien et le grammairien qu'ils ont oubliés. Ce fut là le bon côté de l'escapade du *Roi s'amuse*, et du roman historique *Notre-Dame de Paris*, sublime aberration d'un génie supérieur, il faut bien le reconnaître.

Victor Charrier s'était fait un des gardes-du-corps du maître. — On sait que le maître eut alors une cour et des flatteurs. — Son nom figura même avantageusement dans quelques numéros du *Charivari* ; un peu plus, il passait à la postérité. Mais la splendeur de l'astre baissa tout à coup ; l'auréole qui entourait sa tête s'éclipsa peu à peu.

Lune à demi rongée et qui décroît encore,

Comme dit Ruy-Blas.

Qui eût pu se douter alors qu'elle decroî-
trait jusqu'à tomber avec le grand-prêtre dans
l'ornière de la politique? qui eût cru que le
poète des *Orientales* deviendrait, quelques
années plus tard, représentant du peuple...,
après avoir été un moment roi du romantisme.

En voyant son astre détrôné, Victor Charrier conçut un profond dégoût pour le monde,
pour son ingratitude; et, tout en conservant
dans son cœur le culte profond qu'il profes-
sait pour son idole, il s'éloigna de ce monde,
renonçant même à devenir homme de génie.

Il se maria, chanta son bonheur en strophes
élégiaques, célébra la naissance d'une fille,
dans une ode dont nous n'avons jamais oublié
les deux vers que voici :

> Et le Ciel envoya dans l'écrin de famille,
> Pour bénir nos douleurs, une enfant..., une fille.

Tout cela ne l'empêcha pas — au contraire
— d'être bon époux et bon père, de respecter sa religion dans tout ce qu'elle a de noble
et de grand, d'aimer sa patrie, tout en ne
pensant pas que mourir pour elle « c'est le
sort le plus beau, le plus digne d'envie. »

Cet amour de la patrie conduisit Victor Charrier au *libéralisme* en 1830, et à la *réforme* en 1848. Il fut de ceux qui crièrent, le 23 février : *Vive la réforme !* Que cette erreur lui soit légère !

Quand il apprit que cette réforme électorale nous menait à la République, il fut un moment étourdi.

Il se souvint que — feu son grand-père lui avait souvent parlé fort irrévérencieusement de cette première république de 89, — que le brave homme avait vue, où il avait manqué perdre sa tête, et où il avait très certainement perdu une bonne partie de son bien, et commença à regretter d'avoir été si vite en besogne ; mais, en réfléchissant, il se dit, avec quelque raison, que les causes d'antagonisme qui existaient en 89 n'existaient plus en 1848 ; qu'il n'y avait en 1848 ni noblesse ni clergé privilégié comme en 89 ; qu'en 1848, l'ennemi ne menaçait pas la France comme en 93 ; enfin, informé que le roi venait de quitter Paris dans un fiacre ', et sans être inquiété, il acquit la certitude qu'en 1848 le sang du monarque ne rougirait pas l'échafaud en faisant rougir le pays, toujours comme en 93.

Puis, comme il apprit en outre, et par la même source, que les hommes qui acceptaient provisoirement le pouvoir, le faisaient dans l'intérêt de tous, et non point conduits par un méprisable motif d'intérêt personnel, — car on disait cela alors, et les Parisiens le crurent de bonne foi, — comme il apprit que ces hommes était les membres les plus honorables de l'opposition libérale, que lui-même avait honorée et suivie; comme il se souvint que ces hommes avaient cent fois pris en main, dans de superbes discours prononcés à la Chambre, les intérêts du peuple, de la liberté, de l'ordre et du progrès; qu'ils avaient cent fois flétri les ambitieux, les déprédateurs, les dissipateurs et les conspirateurs, il finit par reconnaître, que tout était pour le mieux.

Et puis, s'il faut tout dire, ses rêves de jeune homme s'étaient réveillés tout d'un coup; ses illusions du passé lui étaient remontées au cerveau : il crut de bonne foi tout le bien qu'il avait rêvé réalisable, à l'abri de ce mot république, à l'ombre de cette devise : *Liberté*, *égalité*, *fraternité*. Son imagination s'exalta, se créa mille ambitions, et il ne songea même pas à se dire que, si lui, dernier dans la foule, se laissait ainsi dépasser par ses chimères, éblouir par ses propres idées, il serait bien difficile à ceux-là qui étaient en haut chargés de conduire la barque, de ne pas être éblouis, eux aussi, de ce changement soudain qui les portait subitement au pinacle, et qui ouvrait, bien autrement large, la voie à leurs ambitions, à leurs désirs, à leurs espérances, à leurs chimères.

C'était, on le voit, un honnête homme que Victor Charrier.

—

Lorsque nous l'avons trouvé sur sa terrasse, au moment de l'arrivée de l'archevêque et de l'abbé de Calonne, conduits par Chrétien Bornichon, il attendait des nouvelles. La présence des deux ecclésiastiques l'arracha à sa préoccupation, et nous savons comment il

Pierre Leroux

les reçut, et comment ceux-ci devinrent ses hôtes.

Les événements imprévus qui venaient de s'accomplir, les circonstances qui avaient conduit l'archevêque de Paris dans la maison de Victor Charrier n'avaient fait que prédisposer davantage ce dernier à l'exaltation qui l'agitait.

Cependant il conduisit le prélat et l'abbé de Calonne dans un salon où se tenaient Mme Charrier et sa fille Arsène.

Les deux femmes étaient émues et tremblantes. L'arrivée des ecclésiastiques, la présence, au milieu de leur famille, d'un personnage aussi important que l'archevêque de Paris, son attitude calme et sereine, ses paroles pleines d'espérance et de foi les rassurèrent et tombèrent comme un baume salutaire sur leur cœur bourrelé d'inquiétudes et de craintes. La noble assurance de ce prêtre, qui venait de courir un danger si grand, et qui paraissait déjà l'avoir oublié, pour ne songer qu'aux autres, ramena le calme dans leur âme ; et l'entrée du ministre de la religion sous leur toit fut pour elles, comme le retour, pour la nature entière, d'un soleil brillant après l'orage, comme la contemplation d'un ciel pur après les nuées épaisses et tristes de la tempête.

Mme Charrier était une petite femme aux traits fins, au sourire gracieux, au regard doux et spirituel. A un grand fond de religion, elle joignait un sens droit, un jugement sain, et une modestie assez grande pour aller jusqu'à la timidité. Aussi, bien que dans quelques circonstances elle désapprouvât au fond du cœur certaines opinions, certains actes même de son mari, elle n'avait jamais cessé de garder vis-à-vis de lui une réserve respectueuse, qu'elle considérait comme un devoir envers le chef de la famille. Elle avait habitué sa fille à ce respect raisonné pour son père, qui n'excluait d'ailleurs en aucune manière des sentiments plus doux ; tout cela avait contribué à créer à Victor Charrier un milieu où il n'avait jamais trouvé de contradiction, et où le silence même lui semblait être une approbation tacite. Il possédait, du reste, au plus haut point, ce contentement de soi-même qui fait qu'on suppose toujours les autres de son avis, par cette raison seule qu'on le croit toujours bon.

Il aimait sincèrement sa femme ; mais il avait sur toutes les femmes en général des idées si arrêtées, qu'il ne lui vint jamais à l'idée qu'elles dussent s'occuper d'autre chose que de leur intérieur, de leur ménage et de leurs enfants ; ce qui, pour n'être point complètement ni exactement vrai, n'est point non plus complètement absurde. En un mot, Victor Charrier était maître chez lui, dans toute la vérité de ce mot.

Sa fille, âgée de 17 ans, était une bonne petite fille, aimante, élevée dans les principes de sa mère, partant fort disposée, d'après cela, à regarder toutes les volontés de son père comme justes et raisonnables, toutes ses opinions comme articles de foi. Ce n'était pas une jolie femme, mais une aimable femme ; peu démonstrative, mais très capable d'éprouver un sentiment profond, sincère et même exalté, qui devait se baser sur l'estime, la considération, en un mot, s r des impressions généreuses, nobles et élevées.

Après avoir devisé des évènements et des nouvelles qu'on leur apportait de temps à autres, M. Victor Charrier et ses hôtes convinrent que ces derniers resteraient rue Lesdiguières, jusqu'à ce que l'ordre fût complètement rétabli. En effet, les dernières informations prises constataient bien que le calme régnait dans la ville ; mais ce calme pouvait n'être qu'apparent. Le gouvernement de l'Hôtel-de-Ville, entouré d'hommes du peuple, qui, par moment, semblaient avoir quelques velléités de devenir les maîtres, et au milieu duquel l'entente la plus parfaite ne régnait pas, tant s'en faut ! ce gouvernement pouvait être remplacé à son tour. Il était donc plus prudent d'attendre.

Au bout d'une heure, l'archevêque exprima à son hôte le désir d'être seul.

— J'ai besoin, dit-il, vous le comprendrez, Monsieur, de me recueillir et d'élever mon âme vers Dieu, après toutes ces épreuves. J'ai à le supplier d'épargner notre pays, de lui éviter ces discordes civiles qui entraînent la ruine des plus grands États, le malaise de toutes les classes, la misère de l'ouvrier ; de le sauver des ambitieux et des prétendus réformateurs qui voudraient faire des ruines d'abord, sauf à ne rien fonder après ; de ces hommes amoureux de popularité qui promettent monts et merveilles, et qui ne causent le plus souvent à ceux qui les écoutent que désespoir et désillusions ; j'ai à le supplier, surtout, de sauver la religion, qui seule peut nous sauver dans l'avenir.

— Monseigneur, dit Victor Charrier, dont la figure prit une expression d'exaltation extrême, Dieu, qui vous a protégé aujourd'hui si ostensiblement, vous écoutera et vous exaucera. Oui, vous avez raison, demandez-lui qu'il nous sauve des épreuves révolutionnaires, en bénissant et en protégeant cette révolution qui vient de s'accomplir. Qu'il donne à ceux qui vont être chargés de diriger et de contenir ce flot d'hommes et de choses qui roulait hier *monarchie*, et qui aujourd'hui s'appelle *république*, le courage, la force et la bonne volonté. Qu'il leur inspire l'amour du peuple, et j'entends, par ce mot, non point seulement la charité pour le peuple, mais l'amour de son bien-être, de son mieux être, faut-il dire.

Je n'étais pas républicain hier. Si la république doit être ce que je la comprends, je le suis aujourd'hui, je le suis de cœur et de conviction. Qu'on porte hardiment le doigt dans la plaie, qu'on achève pacifiquement, en faveur de l'ouvrier, cette révolution de 1830 faite en faveur de la bourgeoisie. Qu'on mette en pratique ces trois mots que tout à l'heure je voyais écrits sur le drapeau d'une barricade . *Liberté, égalité, fraternité* ; cette devise qui veut dire : Soyez libres, soyez égaux, soyez frères ; mais qu'on ne prenne ni la licence pour la liberté, ni le nivellement pour l'égalité, ni le communisme pour la fraternité. Qu'on fasse cette république d'ordre, de paix, et d'humanité, qui doit un jour devenir la république universelle . . . .

Victor Charrier avait prononcé ces paroles avec une exaltation toujours croissante. Il s'aperçut que l'archevêque se tenait toujours debout, prêt à gagner sa chambre. En effet, le prélat l'avait écouté attentivement, le regardant fixement et avec une expression singulière qui ressemblait à de la tristesse.

— Allez, Monseigneur, ajouta-t-il, je ne vous retiens plus ; allez prier pour cette république qui commence.

— Oui, Monsieur, pour cette république qui commence...., et aussi pour cette royauté de dix-huit ans qui vient de tomber en un jour, et que tous abandonnent aujourd'hui pour le nouvel astre qui se lève, et qui, peut-être....: mais l'avenir n'appartient qu'à Dieu.

Et l'archevêque de Paris prit congé de ses hôtes, et entra dans la chambre qu'on lui avait préparée.

Mme Charrier avait écouté parler son mari, et suivi l'expression du regard de l'archevêque, avec une émotion toujours croissante.

Quand elle vit sortir le prélat, elle ne put dominer le sentiment d'angoisse qui s'était emparé d'elle, et qui ressemblait à un triste pressentiment.

Fondant en larmes, elle tomba à genoux

au milieu de cette chambre que l'archevêque
venait de quitter.

— Mon Dieu, mon Dieu, s'écria-t-elle,
protégez-nous ! . . . .

A cet instant, un cri poussé par mille voix
remplit la rue Lesdiguières :

*Vive la République ! vive le gouvernement
provisoire !*

UN ARBRE DE LIBERTÉ

La révolution était désormais accomplie. C'était le *peuple souverain* qui gouvernait. Ses premiers actes n'étaient point faits, il faut bien l'avouer, pour rassurer les timides ni pour convaincre les incrédules.

Dans cette *bataille* de trois jours, où personne ne s'était battu que quelques malheureux et braves soldats qu'on tirait à la cible, on avait dépavé toutes les rues, abattu la plupart des arbres des boulevards, ces boulevards uniques en Europe, que l'Anglais nous jalousait la veille, et qu'il avait fallu tant d'années pour faire les premiers du monde; on avait brisé les lanternes, renversé les voitures, pillé les magasins d'armes, requis celles des particuliers, — si bien requis, qu'un vieillard,

dont nous pourrions citer le nom, nom connu
sur plus d'un champ de bataille, débris glorieux des guerres de l'Empire, à qui on avait
arraché son vieux sabre de guerre, souvenir
chéri d'un temps passé, avait écrit, le 24 février, sur sa porte : *Armes volées*, au lieu
d'*armes données*, qu'écrivaient ses voisins.
Est-ce là tout? Que serait cela, en effet, si
cela était tout. On ne fait pas, comme disait
Mirabeau, les révolutions à l'eau de rose. Le
peuple souverain était entré pour la troisième
fois, les pieds souillés de sang et de boue, les
mains noires de poudre, le fusil au poing et
la menace à la bouche, dans ce palais des rois,
d'où un roi venait de fuir ; il avait lacéré, brisé,
écrasé sous son passage, insoucieux de ce
qu'il brisait, de ce qu'il lacérait, de ce qu'il
écrasait. Il était si heureux ! la royauté était
partie, et c'était son ombre qu'il insultait!
Il avait décroché, violé et brûlé au Palais-
Royal ces chefs-d'œuvre, trésors qui n'étaient
ni ceux d'un prince, ni ceux d'un roi, ni ceux
de personne, mais ceux de la France ; car ils
étaient signés de noms français ; il avait jet

par la fenêtre un Louis XI, qui datait de 1500, en demandant en riant s'il s'était tué ; un cheval de Géricault, en demandant en riant s'il s'était cassé la *patte* ' dans le trajet. Il avait pillé le château de Neuilly, la maison de campagne de M. de Rotschild ; il avait fait tant de ruines et tant de morceaux, que les débris seuls des glaces et des porcelaines brisées par lui pour son plaisir de peuple souverain, — porcelaines de Sèvres et de Saxe, verres de Bohême et glaces de Venise, merveilles nationales et merveilles étrangères, — devaient être deux ans plus tard, lorsqu'on osa enfin soulever tous les secrets de ce vandalisme barbare, et les avouer à la France et au monde, vendus, — débris et morceaux, — à l'enchère, et arriver à des sommes si considérables, que nous n'oserions pas les écrire ici pour notre honneur de peuple civilisé. Il est vrai que ce même peuple avait fusillé à la porte des Tuileries, qu'il venait de dévaster, un homme qui avait caché sous sa blouse un petit Christ en argent ! Le pillage en grand

' Historique.

était permis, le vol en petit était défendu.

Il avait fallu que le gouvernement improvisé, ce *provisoire* qui brûlait de devenir définitif, fît écrire sur tous les monuments publics, sur toutes les possessions de l'État, sur les églises, et jusque sur le fronton des urinoires du boulevard : *Respect aux propriétés nationales*, afin que ce peuple apprît à savoir que le respect était dû aux propriétés de l'État, comme si respect n'était pas dû à toute propriété.

Les lignes de fer avaient été saccagées, pillées, dévastées, incendiées, et pourtant, quelques jours après la révolution de février, le gouvernement provisoire écrivait à ce peuple :

« Peuple, c'est bien, tu es calme, tu es
» grand, tu es noble. Le gouvernement pro-
» visoire te remercie et t'exhorte à conti-
» nuer. »

Le moyen de faire autrement ? dira-t-on. Eh ! ce peuple, pourquoi l'aviez-vous déchaîné ? Pourquoi l'aviez-vous appelé vous-mêmes dans la rue, derrière ces barricades ?

Pourquoi vous étiez-vous fait conduire par lui à l'hôtel-de-ville, où il vint un moment où vous en eûtes si peur vous-mêmes, que vous sentîtes qu'il fallait le museler à votre tour. Oh! qui donc écrira un jour avec une plume impitoyable l'histoire de ce temps et de ces hommes, pour dire ce que fut ce temps qu'on a vanté, ce que furent ces hommes qu'on a exaltés. Ils ont sauvé la France de l'anarchie, a-t-on dit? Ils l'y ont conduite : voilà tout; ils l'y ont conduite pour s'élever sur des décombres jusqu'à la dictature...: mais ils n'avaient pas songé que le Capitole est voisin de la roche Tarpéienne, et que les projets de Dieu seuls sont immuables.

Loin de nous la pensée de nier les grandes actions qui signalèrent ces jours néfastes, de ne point rendre justice à qui elle est due. Seul au milieu de tous, un homme fut véritablement grand au milieu de cette tempête politique où chacun voulait commander, et où le vaisseau qui portait les destinées de la France menaçait de sombrer à chaque pas. Quelles qu'aient été les fautes de cet homme, il restera grand dans l'histoire, comme dans tous les cœurs honnêtes, généreux, et reconnaissants, pour cette phrase qu'il prononça à l'hôtel-de-ville, sans se laisser effrayer par les canons de fusil des suppôts de la révolution :

« Non, je ne veux pas le drapeau rouge, dit-il ; je veux le drapeau tricolore : car celui-là a fait le tour du monde à la suite de nos armées victorieuses, tandis que le drapeau rouge n'a fait que le tour du Champ-de-Mars, traîné dans le sang du peuple. »

Oui, quel que soit le jugement de la postérité, le nom de Lamartine restera grand et vénéré pour ces seules paroles, pour ce seul acte de courage : paroles qui arrêtèrent la révolution, acte de courage qui ranima les volontés hésitantes et qui peut-être nous sauva d'une guerre civile. Puisse cet hommage, rendu du fond du cœur à un sublime talent et à un caractère magnanime, passer un jour sous les yeux de celui à qui il s'adresse et lui prouver, — si infirme qu'il soit et de si peu qu'il vienne, — qu'il est encore en France des cœurs qui se souviennent, alors même que personne ne se souvient autour d'eux.

Donc la révolution était accomplie. Le gouvernement provisoire trônait dans les salons de la préfecture de la Seine. Son premier soin fut de toucher à l'impôt. Pour la commission exécutive le premier acte républicain devait être de l'alléger. Il l'augmenta. L'impôt des 45 centimes fut décrété. Il est vrai que ces 45 centimes devaient servir à payer une armée révolutionnaire pour remplacer l'armée qu'on avoit chassée, une pépinière d'émeutiers prête à jour et à heures fixes, et dont l'invention démocratique illustra l'auteur de l'*Organisation du travail „* le petit grand homme du Luxembourg, Louis Blanc, le Babœuf en miniature de la révolution de février. Le problème du *travail attrayant* était résolu. Le moyen de faire aimer le travail à tous les fainéants était trouvé : c'était de payer les gens à ne rien faire. Ce furent les bons contribuables qui payèrent ce travail-là.

. Puis vinrent les *lampions* et les *arbres de liberté*, impôts non décrétés, mais autorisés.

Dès que les ombres de la nuit enveloppaient la grande ville, dans chaque quartier un bataillon d'enfants, escortés de quelques figures peu rassurantes d'hommes de bonne volonté, parcouraient les rues en répétant en cadence ce refrain devenu trop célèbre : « *Des lampions, des lampions.* » Malheur à l'honnête bourgeois qui n'obtempérait pas aux injonctions de la bande démocratique. Des lampions ! ou les carreaux volaient en éclats ! Des lampions ! ou les fenêtres criblées de pierres allaient céder aux efforts patriotiques de ces élèves de la fraternité.

La plaisanterie dura si longtemps, qu'elle finit par devenir une véritable vexation, une inquisition menaçante.... Mais il n'y avait alors de police à Paris que la police politique du *provisoire*, et l'armée prenait, par ordre du peuple souverain, ses quartiers d'hiver dans les départements.

Cependant, comme on se lasse de tout en ce monde et surtout à Paris, et que le Français, le peuple le plus spirituel de l'univers, aime à varier ses facéties, les lampions al-

laient tomber en désuétude, le suif allait reprendre un taux raisonnable à la Bourse,
lorsqu'une nouvelle invention républicaine, ou
plutôt un vieux souvenir exhumé de la vieille
république, vint les remettre à la mode.

Comme on voulait que rien ne manquât à
cette parodie du temps passé, et comme en
résumé il fallait bien passer son temps à quelque chose, quelqu'un imagina de planter des
arbres de liberté, exactement comme on en
avait planté en 89 ; on se mit en tête de donner des descendants à l'arbre de Santerre, du
faubourg Saint-Antoine, et au vieil orme du
faubourg Saint-Marceau. Cette merveilleuse
idée fut accueillie , comme on pense bien,
avec un enthousiasme spontané, avec une religieuse reconnaissance , par toute cette
tourbe grouillante et inoccupée qui battait le
pavé de Paris tout le jour, et qui avait grand
peine à employer ses soirées, maintenant que
les lampions baissaient.

De tous côtés on se mit en quête, ou plutôt
en réquisition d'arbres de liberté. Comme on
avait écrit sur les portes : *Armes données*,

on eût pu écrire à la porte de plus d'un jardinier ou d'un propriétaire : *Arbre donné*, à la manière des armes, et des termes remis aux locataires ; le tout de la meilleure volonté du monde, bien entendu.

On fit si bien en peu de temps, que pas une place, pas un carrefour ne fut sans arbre de la liberté, et que si on eût laissé faire, chaque pavé eût été enlevé pour faire place à un arbre de la liberté.

Or, dans les premiers jours du mois de mars, la rue Lesdiguières, — que le lecteur nous pardonne de l'avoir conduit, malgré nous, bien loin de cette rue, — la rue Lesdiguière, disons-nous, était en grand émoi. Il s'agissait de doter d'un arbre de liberté la place située près de là, et où se trouve le dépôt de la fabrication des poudres et salpêtres. C'était, on le voit, un terrain dangereux.

L'arbre avait été offert par le *citoyen* Victor Charrier, que les premiers jours de la république n'avaient pas dépouillé de ses illusions. Les *patriotes* du quartier s'étaient donc rendus en corps à l'hôtel Raymond. Un peuplier du jardin de l'hôtel avait été par eux arraché du sol; il ne s'agissait plus que de le planter ailleurs et de le faire bénir suivant l'usage. Mme Charrier, moins républicaine que son mari sans doute, regarda tristement de sa fenêtre partir ce jeune et bel arbre, qu'on transplantait ainsi, qui allait manquer à la symétrie d'une allée qu'elle avait dessinée et fait exécuter elle-même, et qui était destiné à mourir, exposé à tous les vents, privé des soins qu'on lui prodiguait journellement, au beau milieu d'une grande place où rien ne le protégerait de la bise du nord, où personne ne l'arroserait le matin, quand la terre où il devait prendre racine serait séchée par le hâle ou par le soleil.

Cependant l'arbre partit avec le cortége. Victor Charrier était en tête; auprès de lui marchait Chrétien Bornichon, que nous connaissons déjà, et qui, dans plusieurs occasions, avait eu occasion de revoir le maître de l'hôtel Raymond. Chrétien Bornichon paraissait enchanté. C'était toujours le même enfant de Paris, content du jour, insoucieux du lendemain, donnant un coup de poing comme une poignée de main ; comme on dit, le cœur sur la main ; ne se plaisant qu'au milieu du bruit, du mouvement et du tapage, et tout prêt à recommencer une révolution tous les matins, si cela eût dépendu de lui, rien que pour avoir le plaisir de défaire les pavés, de brûler des amorces et de ne point voir de sergents de ville pendant deux jours.

L'arbre pavoisé de rubans tricolores, orné de fleurs et surchargé de guirlandes, arriva sur la place. Chrétien Bornichon s'était chargé, suivant son expression, de fournir l'*église*. En effet, à peine était-on réuni au lieu du rendez-vous, que deux enfants de chœur, marchant auprès d'un prêtre en surplis blanc, parurent au bout d'une des rues latérales.

— Attention, les amis, v'la M. le curé, dit Bornichon. Et du bon, que je dis ; c'est l'abbé de Calonne.

Ce nom se répéta de bouche en bouche. C'était une vieille connaissance, à ce qu'il paraît, car personne dans le groupe ne demanda qui était cet abbé dont Chrétien Bornichon parlait comme d'un vieil ami.

L'abbé Calonne, car c'était lui, avançait d'un pas lent et mesuré. Quand il fut parvenu auprès de ceux qui l'attendaient, il salua gravement, et, après avoir échangé quelques mots avec Victor Charrier et l'enfant de Paris, il pria qu'on procédât à la plantation de l'arbre.

Le peuplier fut hissé par cent bras, et placé dans la fosse qui lui avait été préparée ; puis on le recouvrit avec soin de terre, et l'abbé commença la cérémonie de la bénédiction.

C'est une justice à rendre aux hommes du gouvernement provisoire : Au milieu de tous les emprunts grotesques ou immoraux qu'ils firent à ce bon vieux temps de 93 dont ils se constituèrent les imitateurs, ils ne lui empruntèrent ni la guillotine ni le mépris des choses saintes. Ils ne tentèrent de restaurer ni l'échafaud ni les fêtes de l'Être suprême. Ils eurent le bon sens de comprendre qu'il n'y avait rien à gagner à nier le principe religieux, et ils se souvinrent, sans doute, que Robespierre, après avoir envoyé tant de victimes sur le carreau sanglant de la place de la Révolution, y était arrivé lui-même. Ils ne se firent ni bourreaux ni athées. Ce fut de l'habileté politique. Cependant ce serait se tromper que de croire que ce fut par conviction que ceux-là mêmes qui, dans leurs journaux et dans leurs livres, avaient attaqué chaque jour la religion et ses ministres, s'appuyèrent sur ce qu'ils avaient attaqué. Il y eut là aussi une raison d'Etat, comme on disait sous la monarchie. On ne voulut pas heurter tout ce qu'il y avait de sensé et de bon dans le pays ; on n'osa pas combattre, de lutte ouverte, ce qu'il y avait de plus respectable et de plus sacré. On transigea avec l'ennemi parce qu'on le sentit fort, et puis il ne faut pas oublier que le gouvernement provisoire, composé d'éléments hétérogènes, comptait cependant dans son sein des hommes pour qui la religion n'était pas un vain mot. Nous avons nommé plus haut Lamartine ; à ce nom, nous pourrions ajouter celui de Garnier-Pagès. Quelles qu'aient été les erreurs des hommes, rendons justice à qui elle est due.

Mais, au fond, les bénédictions des arbres de liberté, respectables en elles-mêmes, devinrent, en quelque sorte, un sujet de scandale par l'abus qu'on en laissa faire chaque jour, et par l'espèce de contrainte qui fut imposée alors au clergé. Une douzaine d'hommes, dont le nombre se grossissait dans le trajet, se rendaient à une église, réquéraient un prêtre pour bénir un arbre, et cette cérémonie n'était le plus souvent qu'un prétexte à des libations qui devenaient, pour les organisateurs de la fête religieuse, la véritable cérémonie.

Au reste, en observant avec attention toute cette foule réunie autour de l'arbre de liberté de la rue Lesdiguières, il était facile de se convaincre du peu d'intérêt que le plus grand nombre prenait à la bénédiction en elle-même, impatients qu'ils étaient d'arriver à l'important, selon eux, à la manifestation politique qui suivait habituellement les prières de l'Église.

Toutefois Victor Charrier et Chrétien Boruichon, placés au premier rang, assistaient recueillis et silencieux, et suivaient avec respect tous les mouvements de l'abbé de Calonne. Il n'en était pas ainsi d'un homme placé derrière eux, à la haute stature, aux formes athlétiques, à la figure rude, à la barbe inculte et qui paraissait attendre avec impatience la fin de la cérémonie.

Quand le prêtre eut jeté l'eau bénite sur l'arbre de liberté, et qu'il eut prononcé les dernières paroles, il ferma le livre qu'il tenait à la main, et se disposa à se retirer avec les enfants qui l'avaient accompagné.

A ce moment, une voix s'éleva de la foule :

— Un instant, monsieur le curé, fit cette voix, nous ne vous tenons pas quitte, faut chanter un cantique à présent.

Victor Charrier et Chrétien Bornichon se retournèrent étonnés.

L'homme qui avait prononcé ces paroles était derrière eux, et ils l'avaient reconu. L'abbé de Calonne l'avait reconnu lui aussi.

C'était Pierre Buquet, l'ouvrier qu'il avait

fait entrer à l'hospice et qui n'avait pas l'air de se ressentir de la gastrite qui l'avait rendu si gravement malade. Il portait une blouse bleue, sale et déchirée, et le timbre de sa voix indiquait qu'il avait dû abuser de la prescription du médecin qui lui ordonnait le vin pour se guérir.

— Oui, oui, ajouta-t-il sans s'inquiéter du mouvement de ses deux voisins, faut chanter un cantique, M. l'abbé, un cantique en l'honneur de l'arbre de la liberté, en l'honneur de la République.

— Quel cantique voulez-vous chanter, mon ami ? répondit sans s'émouvoir l'abbé de Calonne.

— Pardi, quel cantique ? Il n'y en a qu'un, le cantique des cantiques, la *Marseillaise*.

— Oui, oui, crièrent plusieurs voix, que l'abbé chante la *Marseillaise*.

L'abbé de Calonne promena un regard calme et digne sur toute cette foule ; et rouvrant le livre qu'il avait fermé, il le feuilleta et sembla chercher pendant quelques instants ; puis, s'adressant à Pierre Buquet, foujours avec la même sérénité :

— Mon ami, dit-il simplement, le cantique dont vous me parlez n'est point ici, et je ne chante que ce qu'il y a dans ce livre-à [1].

Et faisant un signe aux enfants qui le suivaient, il prit le chemin de l'église Saint-Paul, d'où il était venu.

Personne ne songea à l'arrêter. La présence d'esprit du prêtre avait confondu les plus récalcitrants ; Pierre Buquet lui-même n'avait rien trouvé à répondre, et avait laissé passer l'abbé sans chercher à le retenir.

— *Feignant !* dit-il enfin, quand celui-ci fut un peu éloigné, ne pouvant sans doute trouver autre chose qu'une injure.

Il eut à peine le temps ld'articuler ce mot tout entier ; Chrétien Bornichon le saisit par le bras, et se mettant tout droit devant lui, l'œil brillant de colère et hardiment levé vers le sien (car il fallait que l'enfant de Paris le-

[1] **Historique.**

vât la tête pour regarder Pierre Buquet, qui avait au moins la tête plus que lui).

— J'en connais, moi, des *feignants*, et pis que ça, des lâches ! qui rendent le mal pour le bien, l'insulte pour la charité, l'injure pour le dévoûment, Pierre Buquet. En connais-tu, toi ?

Ainsi interpellé, ce dernier hésita et balbutia quelques mots, mais sans répondre à l'attitude provocante de Bornichon.

C'était un singulier spectacle que de voir cet enfant, dont la petite taille et les membres grêles offraient le contraste le plus complet avec la stature élevée et la prestance herculéenne de Buquet, le tenir, pour ainsi dire, au bout de son regard, comme au bout d'une arme dangereuse, et lui imposer en quelque sorte silence, comme si un mouvement de cet homme n'eût pas suffi pour le broyer, s'il l'eût voulu.

C'est que Chrétien avait une réputation bien établie. Assurément, dans plus d'une lutte qu'il avait affrontée, si son adversaire eût pu l'atteindre, il l'eût tué ; mais c'était justement là ce qui rendait l'enfant redoutable. Il touchait, mais on ne le touchait pas. Doué d'une agilité inouïe, avant qu'on lui eût porté un seul coup, il avait renversé son ennemi à terre, sans que celui-ci sût comment, et le plus souvent il suffisait d'une chute sembla-ble pour metttre le partner hors de combat. Il avait étudié et pratiqué, avec un soin extrême, cet art de l'attaque et de la défense dans la lutte naturelle, dont on fait une science exacte en quelque sorte, composée des principes de la boxe anglaise et des ingé-nieuses combinaisons de la lutte française, et qui forme ce tout complet qu'on appelle, dans les ateliers de Paris, *la savate*, et dans le grand monde *la petite escrime;* petite es-crime qui, il faut l'avouer, est dans mille circonstances beaucoup plus précieuse que la *grande.*

Mais revenons à Pierre Buquet.

Voulant se débarrasser de Chrétien Bor-nichon, dont il ne lui souriait sans doute pas d'éprouver l'agilité dans une querelle, il re-prit son premier cri de la *Marseillaise,* en tournant le dos à son provocateur, et en agitant en l'air son chapeau.

— Oui, oui, la *Marseillaise!* la *Marseillaise !* reprit la foule.

Victor Charrier, immobile près de l'arbre de liberté, regardait ces hommes qui criaient, et semblait observer tous leurs mouvements avec une religieuse attention.

En un instant, le groupe se forma en rond autour de l'arbre ; en sorte que l'observateur se trouva ainsi entouré par une muraille vivante.

Pierre Buquet commença d'une voix vibrante et sonore :

> Allons, enfants de la patrie,
> Le jour de gloire est arrivé ;
> Contre nous de la tyrannie,
> L'étendard sanglant est levé ! *(bis.)*
> Entendez-vous dans nos campagnes
> Mugir de féroces soldats,
> Ils viennent jusque dans vos bras
> Egorger vos fils, vos compagnes.
> Aux armes, citoyens ! Formez vos bataillons !
> Marchons ! marchons !
> Qu'un sang impur abreuve nos sillons.

Ce refrain de « *Aux Armes, Citoyens,* » fut

répété par la galerie avec une animation fré-
nétique.

Puis le silence s'établit de nouveau ; Buquet allait commencer le deuxième couplet,
Victor Charrier l'interrompit brusquement :

— Mes amis, s'écria-t-il, d'un ton plein
d'assurance et d'énergie qui domina tout à
coup le bruit qui se faisait autour de lui,
pourquoi cet hymne sacré éclos à la chaleur
de l'enthousiasme guerrier de nos pères? Est-
ce ici le lieu, est-ce maintenant l'heure d'en-
tonner la *Marseillaise*? L'ennemi est-il à nos
portes. Cet étendard de la tyrannie qu'on in-
voque, où est-il? Cherchez-le autour de
vous. Qui le lève? Qui oserait le lever? La
royauté est tombée sous vos armes victorieuses le 24 février. La tyrannie s'est éva-
nouie avec elle. Où sont ces féroces soldats
qui menacent vos fils, vos compagnes? La
patrie est-elle en péril, et où faut-il marcher pour la défendre? De quel sang impur
voulez-vous abreuver vos sillons? Je ne vois
autour de moi que des citoyens de la république, que des frères et des égaux. J'ai beau

chercher, je ne vois pas d'ennemis. Lamartine n'a-t-il pas écrit son manifeste aux nations étrangères ? Quelqu'un a-t-il osé nier cette république dont Bonaparte disait : « La république française est comme le soleil ; aveugle qui ne la voit pas. » Ah ! cessons, cessons de faire appel à des souvenirs de sang et de carnage. Gardons au fond de nos cœurs l'hymne de la patrie en danger. Vienne l'heure du combat : que la France menacée réclame nos bras et notre vie, nous serons prêts à lui sacrifier jusqu'à la dernière goutte de notre sang ; et c'est alors que tous ensemble, marchant à la défense de nos libertés menacées, il sera temps de répéter le chant de salut de nos pères qui fut aussi leur chant de victoire. Notre *Marseillaise* d'aujourd'hui, c'est la *Marseillaise* pacifique du travail, de l'union et de la paix ; notre refrain ce doit être celui-ci :

Et Victor Charrier chanta d'une voix forte et pleine de l'émotion d'une âme inspirée :

Egalité, fraternité,
C'est le cri de toute la France,

> Et désormais notre vaillance
> Nous assure la liberté.

Des vivats unanimes accueillirent ce refrain, qui fut répété par la foule tout entière.

Victor Charrier, que l'enthousiasme lyrique gagnait de plus en plus à chaque minute, continua ainsi :

> Fraternité ! Quand nous sommes tous frères,
> De nos devoirs sachons nous souvenir,
> Et, sans aumône, à des lois tutélaires
> Du prolétaire attachons l'avenir.
> Si du labeur nous supportons la chaîne,
> Du prix au moins partageons les douceurs,
> Et que du sort la main moins inhumaine
> Pour l'ouvrier allége ses rigueurs.

On entourait Charrier, on le félicitait ; chacun voulait lui serrer la main, et le pauvre homme, enivré de son triomphe, commençait à savourer malgré lui le poison trompeur de cette popularité éphémère que l'enthousiasme fait éclore, et qui souvent trouble le cerveau ; mais que l'ingratitude et l'oubli rendent quelquefois un peu plus tard bien amère.

— Citoyen, dit en s'approchant de Victor Charrier un des orateurs de la troupe, nous désirons avoir votre *chanson*. Il faut que vous nous promettiez de nous la donner pour la lire ce soir au club.... ou plutôt non ; venez-y vous-même ce soir. Il s'agit de choses importantes : on nomme un président, et vous nous la chanterez. Ça égaiera la chose. Nous le promettez-vous ?

— Je vous le promets, répondit Charrier, dont l'imagination s'exaltait au souvenir du succès qu'il venait d'obtenir et à la pensée de le voir se reproduire le soir même : j'irai.

— A la bonne heure.... A propos, vous savez où est notre club.

— Non, vraiment.

— Rue des Lions-Saint-Paul, n° 6, chez le marchand de vin, au premier : le *Club du Cheval-Rouge*. Oh ! c'est très bien composé. Tous bons *zigues* et qui jabotent crânement, vous verrez. On traitera ce soir l'affaire de la Pologne. Je crois que nous déciderons l'indépendance de la nationalité polonaise.... Enfin, nous verrons ça.

Carrier regarda son interlocuteur, cherchant à lire sur sa physionomie s'il parlait sé-

rieusement. Ce regard lui suffit pour reconnaître qu'il ne songeait pas à plaisanter et que
c'était de bonne foi qu'il faisait entrer le club
du *Cheval-Rouge* pour une si forte part dans
les conseils du gouvernement, dans les réso-
lutions de paix ou de guerre ; mais il était encore sous l'impression de l'ovation qui venait
de lui être décernée. Il écouta donc, sans lui
rire au nez, le personnage qui lui parlait, et
lui promit de nouveau de se rendre le soir
même au club en question.

Victor Charrier était lancé sur la pente
glissante de la politique des clubs. Il venait de
débuter dans *ce monde* des clubs par un succès poétique et politique. Son amour-propre
était doublement chatouillé. S'il n'eût été que
poète encore ! Il l'était depuis qu'il avait admiré Victor Hugo, ou il croyait l'être, ce qui
était la même chose ; car jamais Mme Charrier ne s'était permis de lui dire le contraire,
et elle avait toujours professé l'admiration la
plus expansive pour les produits romantiques
de son seigneur et maître. Mais devenir tout
à coup *tribun* ; — car Victor Charrier ne di-

sait pas orateur de carrefour, et nous ne voulons pas nous servir d'une expression qui ne lui vint pas à l'esprit; — devenir tribun, faire en petit et avec moins de péril, c'est vrai, mais, enfin, faire rue Lesdiguières ce que Lamartine avait fait à l'Hôtel-de-Ville; — car, si Lamartine avait répudié le drapeau rouge, Victor Charrier, avait répudié la *Marseillaise* : voilà qui était beau, voilà qui est sublime. *Sic itur ad astra!*

Telles étaient les réflexions ambitieuses que le propriétaire de l'hôtel Raymond se faisait, à part lui, en regagnant sa demeure.

Comme il était près d'atteindre la porte de l'hôtel, il sentit qu'on lui frappait sur le bras.

Il se retourna. C'était Chrétien Bornichon.

— Irez-vous au *Chevvl-Rouge* lui dit ce dernier ?

— Mais oui, vous le savez-bien, je l'ai promis devant vous.

— Tant pis.

— Pourquoi donc?

— Ah! dam, c'est que ce n'est pas *chique*

tout ce qui va là. Enfin, comme vous voudrez... ; en tous cas, j'irai aussi, et s'il y a quelque histoire, je serai là avec vous.

— Oh! mon ami, ne vous dérangez pas pour moi, reprit Charrier d'un ton rogue.

Et comme il était à sa porte, il salua de la main l'enfant et rentra.

— Tiens! on dirait qu'il à pris la mouche fit Chrétien en s'en allant. Ces braillards-là l'ont toqué. C'est égal, j'irai tout de même; parce que c'est un brave homme, et qu'après tout il est l'ami de mon ami l'abbé de Calonne.... Fier abbé tout de même : comme il vous a collé ce *rien du tout de Buquet*, avec son cantique !

Devisant ainsi, Chrétien regagna le cinquième étage qu'il habitait avec sa vieille mère, qui l'attendait pour dîner. En entrant, il jeta dans le tablier de la bonne femme deux pièces de cent sous qu'il avait touchées le matin même pour sa paie des ateliers nationaux.

— V'là deux roulantes, mère, dit-il en l'embrassant..., à l'effigie du tyran ; mais ça ne fait rien : c'est bon tout de même.... et facilement gagné, va !

Et l'enfant se mit à fredonner :

Nourri par la patrie,

Nourri par la patrie,

C'est le sort le plus beau, le plus digne d'envie !

Quant à Victor Charrier, à peine rentré chez lui, il annonça à sa femme qu'il venait d'obtenir un succès d'enthousiasme, et que le soir même il débutait comme homme politique au club du *Cheval-Rouge*.

Mme Charrier soupira à l'écart, et Victor Charrier se mit à préparer le discours qu'il se proposait de prononcer pour ce début.

LE CLUB DU CHEVAL-ROUGE

C'était dans une salle haute d'un cabaret de la rue des Lions-Saint-Paul que se tenaient les séances du club du *Cheval-Rouge*. Il y avait alors dans Paris trois cents clubs environ, organisés et fonctionnant sous la direction du club des clubs, dont Huber était président. Celui du *Cheval-Rouge* était un des moins importants ; le voisinage du *Club des Acacias*, présidé par l'abbé Montlouis, ouvert rue Saint-Antoine, dans le local du café-bal qui avait donné son nom à la réunion, faisait grand tort au club du *Cheval-Rouge*. C'était en effet aux *Acacias* que se réunissaient généralement les tribuns les plus forcenés du quartier, et la réputation de l'abbé Montlouis n'était pas un des moindres attraits offerts aux démagogues ou aux curieux. Mais, comme il y avait toujours foule rue Saint-Antoine, et que les petites éloquences s'effaçaient devant l'éloquence renommée de l'abbé Montlouis, quelques esprits jaloux et envieux avaient imaginé de créer un autre club à deux pas de l'autre, sous le prétexte au moins spécieux qu'il n'y a jamais trop de bonnes choses.

Aussi bien la création de ces établissements politiques était souvent (le montagnard Chenu l'affirme, et nous le savions de reste) une spéculation pour leurs fondateurs. En effet, pour assister aux séances, pour entrer dans le lieu des délibérations, on devait payer à la porte une somme de un ou deux sous, pour solder le luminaire, et, comme on disait alors, les frais d'administration. Bien entendu, les rafraîchissements se payaient à part, et il n'y avait pas loin à aller pour les chercher, puisqu'au-dessous même de la salle affectée au club, se trouvait le cabaret où les orateurs enroués ou fatigués pouvaient aller retremper leurs forces au fond d'une bouteille de vin à douze ou d'un démocratique *polichi-nelle* pris sur le comptoir.

Ce fut là que Victor Charrier se rendit dès sept heures du soir, comme il l'avait promis.

Au bout d'une grande salle plus longue que large, coupée dans toute son étendue par le tuyau d'un poêle en fonte placé à l'une des extrémités, se trouvait une table de chêne qui servait de bureau. Au milieu était un fauteuil de paille, à bras, destiné au président ; auprès un escabeau pour la personne qui remplissait les fonctions de secrétaire ; sur la table une sonnette d'assez fort calibre, des plumes, de l'encre et du papier.

Deux quinquets suspendus au plafond jetaient une assez piètre clarté dans cette pièce triste et sale, où le palier humide glaçait les pieds. Au fond et au-dessus de la table convertie en bureau était appendue une pancarte où se lisaient ces mots : « *Vive la République. Liberté, égalité, fraternité;* » et plus bas : « *On n'entre pas en pipe.* » Le tout surmonté d'un dessin figurant un bonnet rouge et un triangle égalitaire.

Quand Victor Charrier entra, il y avait déjà beaucoup de monde d'arrivé, bien que le bureau fût encore inoccupé. On était debout, par cette excellente raison qu'il n'y avait de siéges que ceux placés près de la table: les conversations paraissaient animées; mais il n'y avait point de discussion générale : on causait entre soi en attendant l'ouverture de la séance.

L'entrée de Victor Charrier fit sensation. Il portait, selon sa coutume, une longue redingote noire, des guêtres montantes et un chapeau pointu. Commes les blouses et les casquettes dominaient dans la réunion, la redingote et le chapeau du nouvel-arrivant furent remarqués et inspirèrent une certaine défiance.

— C'est une *mouche*, dirent quelques assistants à voix basse ; méfions-nous.

— Si c'est une *mouche*, faut le mettre à la porte, dit quelqu'un... ; et en tout cas on peut bien lui demander qui il est.

Victor Charrier avait salué poliment, et il contemplait d'un regard avide et curieux le spectacle qu'il avait devant lui. Cette attention marquée confirma les suppositions qui venaient d'être faites, et les plus ombrageux allaient se mettre en devoir de lui faire subir un interrogatoire en règle.

A ce moment, l'homme qui l'avait engagé à venir au club du *Cheval-Rouge* arriva:

— Salut et fraternité, citoyens, dit-il en entrant. Et, apercevant Victor Charrier :

— C'est bien d'être venu, reprit-il en lui tendant la main. A la bonne heure ! Voilà un homme de parole... Citoyens, ajouta-t-il en se tournant vers l'assistance, je vous présente un bon patriote, un poëte démocratique, un ami du peuple et de l'ouvrier. C'est lui qui nous a offert l'arbre de liberté que nous avons planté ce matin ; et de plus, ce soir, pour célébrer sa bienvenue parmi nous, il paie vingt bouteilles de vin, qu'on va monter ici et que nous allons siffler en attendant l'ouverture de la séance. Pas vrai, vieux ?

Et l'interlocuteur de Victor Charrier lui frappa familièrement sur le ventre, en forme de péroraison. Celui-ci trouva bien cette manière de se faire régaler et de régaler les autres à ses frais un peu extraordinaire; mais sous l'empire de la préoccupation que lui causait l'ovation du matin, il ne fit pas d'observations et répondit par une cordiale poignée de main au discours de présentation qui venait d'être prononcé en son honneur.

Le personnage qui avait ainsi interpellé Charrier était un homme dans la force de l'âge, assez bien couvert pour n'avoir point l'air misérable, pas assez bien pour avoir l'air propre. Son chapeau, qu'il portait sur le coin de l'oreille, était gras et brisé en plusieurs endroits. Une barbe rouge entièrement inculte lui cachait presque complètement la figure, et ne laissait bien voir que deux yeux gris et perçants, où régnait un mélange d'audace, de bassesse et d'hypocrisie. Il s'appelait Thibaudeau et prenait le titre de *défenseur officieux* près les tribunaux de paix des 12 arrondissements de Paris. C'était le protecteur-né de la veuve et de l'orphelin, moyennant un modeste salaire, bien entendu; capable du reste de parler dix heures de suite sans tousser, sans cracher, presque sans respirer. Il

jouissait d'une haute réputation de talent parmi les fruitières, les portières et même les ra-
vaudeuses du quartier, qui l'avaient souvent
chargé de leurs intérêts dans les contesta-
tions soumises à M. le juge de paix de leur ar-
rondissement. Tout juste aussi honnête qu'il
faut pour ne pas être un coquin ; confondant
volontiers l'abus de confiance avec la *carotte*,
et fort estimé de ceux à qui il n'avait jamais
pu rien tirer, parce qu'ils ne possédaient rien.

Tel était l'homme qui avait en quelque sorte
servi de caution et de patron au propriétaire
de l'hôtel Raymond, la probité par excellence,
la loyauté personnifiée.

Mais Victor Charrier était tout entier à ce
qu'il allait dire quand le moment serait venu
de parler. Il rêvait eveillé, sans s'apercevoir
du mouvement qui se faisait autour de lui,
sans entendre le bruit des verres qui s'entre-
choquaient et les lazzi de faubourg qui se
débitaient à deux pas de lui.

Chrétien Bornichon, lui aussi, était venu,
comme il se l'était promis, au club du *Cheval-
Rouge*. Il se tenait debout dans un coin de la

salle et suivait d'un regard attristé tous les mouvements de l'homme qui avait été l'hôte de l'archevêque de Paris, et pour lequel il s'était pris, à compter du jour où il l'avait vu pour la première fois dans des circonstances si graves et si solennelles, d'un attachement sincère et profond. Il y avait chez cet enfant du peuple, sans éducation première, presque sans instruction, un grand fonds de sensibilité, une sorte de noblesse de cœur innée, un instinct infaillible du bien et du mal qui lui faisait considérer comme un malheur la présence de Victor Charrier au milieu de ces émeutiers de profession, de ces clubistes de bas étage. Il sentait que cet homme-là n'avait rien de ce qu'il fallait pour vivre et dominer dans cette atmosphère révolutionnaire, où lui pauvre enfant de rien ne venait chercher que des distractions émouvantes. Justement parce qu'il savait cet homme bien supérieur à lui par l'intelligence, il avait compris que cette intelligence était trop élevée, trop généreuse, et trop fière, pour descendre dans le cloaque où elle était fourvoyée. Il est des natures pour lesquelles le dévoûment est en quelque sorte un besoin : Chrétien Bornichon était une de ces natures-là. Sans se rendre bien compte de ce qui l'entraînait vers Victor Charrier, il s'intéressait à lui ; et, sans se l'être dit à lui-même, sans avoir pris, de propos délibéré, aucune résolution de le servir, il était bien décidé à se dévouer à lui, sans intérêt, presque sans raison, ou plutôt par cette seule raison, qu'il sentait que Charrier devait se trouver faible un jour ou l'autre dans le milieu où il s'était jeté et pour lequel il n'était point fait.

Cependant les bouteilles se vidaient.

Thibaudeau n'avait pas quitté de l'œil le néophyte du club du *Cheval-Rouge*, et semblait étudier depuis quelques instants les expressions diverses qui se reflétaient sur ses traits, comme on peut lire les pages d'un livre ouvert.

Tout à coup un sourire de satisfaction passa sur les lèvres du défenseur officieux. Il avait sans doute trouvé une excellente idée, et dès cet instant un projet était conçu et arrêté dans son esprit.

Après avoir de nouveau jeté sur Victor Charrier un regard dans lequel on eût pu deviner tout un monde de mauvaises passions et de mauvais desseins, il fit quelques pas au milieu de la salle, et élevant en l'air le verre qu'il tenait à la main, comme pour demander le silence :

— A notre frère le poëte démocratique, s'écria-t-il ; à Victor Charrier, le chantre du peuple !

Et, comme son toast fut répété aussitôt, il ajouta tout bas :

— Et qui régale !

Puis, reprenant la parole, et s'adressant cette fois à Charrier, qui avait relevé la tête et dont ces mots avaient attaqué le côté faible, l'amour-propre :

— Au nom de tous mes amis, je viens te prier, citoyen Charrier, de nous chanter, pour l'ouverture de la séance, la *chanson* que tu as chantée ce matin devant les rameaux glorieux de l'arbre de liberté.

La vérité est que l'arbre n'avait guères de rameaux ; mais le défenseur officieux avait cru pouvoir se permettre cette figure pompeuse, pour donner plus de rondeur à sa phrase.

Victor Charrier ne se fit pas prier. Montant sur un escabeau afin de mieux se faire entendre, il chanta les couplets qu'il avait improvisés le matin même, et qui furent accueillis avec enthousiasme par tous les habitués du club, par cette excellente raison que, ne comprenant pas le sens réel de ces couplets, ils se jetèrent, comme sur une proie facile, sur les mots d'*égalité*, de *fraternité*, et de *liberté*, qui se trouvaient dans le refrain.

Peu à peu le nombre des spectateurs s'était accru ; car le bruit s'était repandu dans le quartier qu'on buvait à l'*œil* ce soir-là, au club du *Cheval-Rouge*.

La chaleur augmentait à chaque minute, et l'animation de Charrier croissait avec elle.

Chrétien Bornichon, immobile dans son coin, observait toujours.

Les couplets terminés, Thibaudeau prit la parole :

— Citoyens, dit-il, si vous le voulez, je

prendrai provisoirement la présidence pour vous faire une proposition.

— Oui, oui ! fit-on de toutes parts.

Thibaudeau se plaça debout, derrière la table qui servait, ainsi que nous l'avons dit, de bureau :

— Citoyens, reprit-il en agitant la sonnette, la séance est ouverte.

Un bruissement passa dans l'auditoire. Chacun se casa, se moucha ou toussa, pour mieux écouter.

—. Citoyens, commença Thibaudeau, je n'ai pris, ainsi que je vous l'ai dit, que provisoirement le fauteuil. Vous savez que c'est aujourd'hui que nous devons nommer un président, en remplacement du citoyen Pernicieux, actuellement détenu, à deux pas de nous, dans les cachots de la Force : — car la réaction relève la tête, citoyens, et on a qualifié de vol un emprunt d'argent que notre honorable président a fait dans une maison d'aristos ! Comme si les biens ne devaient pas être communs entre frères ! ainsi que l'enseigne notre honoré maître, le citoyen Cabet.... Mais ce n'est pas de cela qu'il s'agit maintenant, nous y reviendrons ; il s'agit, je vous l'ai dit, de nommer un président. Eh bien ! citoyens, s'il m'est permis d'émettre ici un avis, si la voix d'un patriote sincère et dévoué peut trouver un écho dans vos cœurs généreux et magnanimes, si la conviction profonde d'un démocrate prêt à donner son sang pour la liberté peut avoir quelque influence sur la vôtre....

— Très bien ! très bien ! firent quelques voix.

— Si enfin le talent, l'amour le plus vif du peuple et la haine de ses souffrances peuvent peser aussi de quelque poids dans la balance de votre conscience....

— Bravo ! bravo ! exclama-t-on encore dans la salle.

— Vous choisirez pour votre président le citoyen Victor Charrier, l'auteur des beaux vers qu'il vient de vous chanter ; et vous donnerez ainsi un digne successeur au citoyen Pernicieux, que la tyrannie qui tend à se relever a si injustement arraché de nos bras.

— Nommons Charrier ! nommons Charrier ! cria-t-on de toutes parts.

Thibaudeau reprit :

— Vous m'avez compris, ô mes frères ; vous avez compris quel est l'homme que je vous présente : véritable ami du peuple, défenseur de ses droits, orateur et poète distingué. Vous êtes toujours ce peuple dont je ne sais plus qui disait : *Vox populi, vox Dei* : La voix du peuple, c'est la voix de Dieu.

— Il a parlé grec, dit un spectateur à son voisin. Comme il jabotte ! mille bombes ! quelle *platine !* Et dire que cet homme-là a perdu l'autre jour une cause dont il s'était chargé pour m'ame Rugisson, la marchande de poissons du marché Sainte - Catherine, contre m'ame Plantureau, la fruitière qu'est z'au coin. Ah ! tenez, ne me parlez pas d'la justice. C'est un tas d'aristos !

Le voisin ne répondit pas ; mais fit un grognement affirmatif, qui ressemblait à toute espèce de chose, excepté à une réponse.

— Citoyens, ajouta le président, nous allons procéder au scrutin. Comme il ne me paraît pas qu'il doive y avoir doute, je crois qu'on peut voter par main levée. Quelqu'un s'oppose-t-il à ce que nous procédions ainsi ? Vous savez qu'il suffit d'un seul opposant pour qu'on se tienne dans les termes du règlement, c'est-à-dire pour qu'on ait recours au scrutin secret.

— Personne ne s'oppose ! crièrent plusieurs voix.

Mais, à ce moment, une autre voix partit d'un des coins de la salle et articula nettement :

— Je m'y oppose.

Le président jeta un regard perçant du côté d'où la voix était partie. Une expression de vif mécontentement passa sur ses traits, et il dit brusquement :

— Que le citoyen qui s'oppose vienne à la tribune donner ses raisons.

Le citoyen qui s'était opposé, pour parler comme le président, fendit la foule, et se dirigea vers la tribune, c'est-à-dire vers l'escabeau qui servait de tribune.

C'était Chrétien Bornichon.

Victor Charrier avait bien entendu que l'officieux Thibaudeau l'avait proposé aux assistants comme président définitif; mais il n'avait pas suivi le débat. Cette pensée qu'il allait devenir président du club du *Cheval-Rouge*, qu'il allait être appelé à diriger des discussions politiques, à mâter les énergies trop grandes, à redresser les opinions erronées, à condamner les motions dangereuses, en un mot, à se faire le défenseur du droit contre l'injustice, le juge impartial du bon contre le mauvais, — car c'était ainsi que Victor Charrier rêvait la présidence d'un club; — cette pensée, disons-nous, l'avait encore une fois arraché à ce qui se passait autour de lui, pour le conduire dans un monde de rêves honnêtes, sublimes peut-être, mais tout bonnement insensés. C'en était fait de cet homme, qui planait toujours en haut, et qui ne voyait les choses que de loin, au lieu de marcher en bas et de remuer un peu cette fange, qui l'eût fait se détourner avec dégoût, s'il l'eût essayé.

La présence de Chrétien Bornichon à la tribune, — nous sommes convenus de l'appeler ainsi, — le rappela, malgré lui, à la réalité et aux faits du moment.

Le président agita sa sonnette. Le silence se fit dans la salle, et Bornichon commença ainsi :

— Je n'ai pas la langue aussi déliée que le citoyen Thibaudeau, et je ne suis pas habitué à faire des discours d'une aune de long : je vais donc vous dire tout bonnement pourquoi je m'oppose à la nomination du citoyen Charrier. Nous sommes tous ici des ouvriers: est-il ouvrier, lui, pour prétendre à présider une réunion d'ouvriers ? Je vois que ses mains sont blanches : je n'ai pas confiance dans les mains blanches qui viennent serrer les mains calleuses du travailleur. Nous portons tous ici la blouse ou le bourgeron : je vois que le citoyen Charrier est ficelé tous les jours comme nous ne sommes pas ficelés les jours de fête. Vous me direz que le citoyen Thibaudeau porte lui aussi un paletot tous les jours ; ça ne veut pas dire que nous ayons bien fait de le recevoir parmi nous. Mais assez causé là-dessus On me dira encore que le citoyen Charrier est un poète, qu'il fait des vers ; j'aimerais mieux qu'il fût comme nous menuisier, serrurier ou forgeron ; qu'il fît des planchers, des serrures ou des roues : qu'il fût des nôtres enfin. Méfiez-vous, citoyens, des paletots qui se frottent à nos blouses ; ils ont leur idée sans doute, et nous pourrions bien quelque jour nous mordre les doigts de les avoir accueillis trop facilement. Pas d'aristos dans les conseils des démocs, ou les démocs sont perdus. Qu'ils entrent ici avec leur argent ; c'est leur droit, et je m'en bats l'œil ; mais qu'on n'en fasse pas des présidents. V'là mon opinion.

Un murmure peu flatteur pour l'orateur parcourut l'assemblée ; le vin offert par Charrier avait si bien disposé les esprits en sa faveur, que la sortie de Bornichon ne trouva point d'approbateurs. Le président Thibaudeau se disposait à répondre ; mais Victor Charrier s'élança à la place que Chrétien Bornichon venait de quitter.

— Citoyens, dit-il, je n'ai point ambitionné l'honneur qu'on me proposait tout à l'heure :

on m'a engagé à venir ici, et j'y suis venu.....
Je ne porte pas de blouse : est-ce à dire pour
cela que je doive vous être suspect; et le
patriotisme, l'amour de l'égalité, ne peuvent-
ils pas se trouver sous le paletot comme ils se
trouvent sous la blouse ? Est-ce donc l'habit
qui fait le bon républicain ? M'a-t-on obligé à
venir à vous ? Aucunement : quel intérêt au-
rais-je à vous tromper ? D'ailleurs je n'ai
jamais trompé personne, et il y a longtemps
que j'ai donné des preuves de l'intérêt que je
porte aux ouvriers. Pour eux j'ai dépensé
une partie de ma fortune : tout le monde le
sait.

Ce sont là des garanties sérieuses. Quant
à cette présidence qu'on me dispute, je la re-
fuse, si elle doit être parmi vous un sujet de discordes. Vous avez à vous occuper de plus
graves sujets que celui-ci. Il faut affermir, il
faut moraliser et rendre grande et forte cette
république qui ne fait que de naître. Président
ou simple spectateur de cette réunion, je n'en
ferai pas moins tout ce qui dépendra de moi
pour atteindre ce but.

— Bravo, Charrier ! bravo ! cria Thibaudeau.

Et toute l'assistance répéta comme un écho : Bravo, Charrier !

— Citoyens, reprit le président, qui triomphait, je ne crois pas avoir besoin de rien ajouter après l'éloquente réponse du citoyen Charrier. Vous êtes souverains comme partout; c'est à vous de décider.

Pendant ce temps, Chrétien Bornichon s'était approché de Charrier.

— Au nom de votre intérêt, de votre salut peut-être, croyez-moi, renoncez à cette présidence, méfiez-vous de ce Thibaudeau qui vous entraîne; justement parce que vous valez cent fois mieux que tous ces hommes, ne cherchez pas à les diriger, à les dominer : ils ne se laissent dominer que par plus mauvais qu'eux. Il y en a de bons dans le nombre, assurément; mais ils sont faibles et se laissent conduire par les autres.

Vous avez plus d'expérience que moi, c'est vrai ; mais vous ne connaissez pas ce monde nouveau pour vous ; vous ne savez pas la

responsabilité que vous accepteriez aujour-
d'hui en prenant place à ce fauteuil de la présidence, occupé, il y a huit jours à peine,
par....

Chrétien n'en put dire plus long. Thibaudeau prit par le bras Charrier, qui écoutait le
jeune homme étonné et indécis, et le conduisit au bureau.

Le bourgeois de la rue Lesdiguières, le
propriétaire de l'hôtel Raymond venait d'être
nommé par acclamation président du club du
Cheval-Rouge.

Au moment même où il s'asséyait dans le
fauteuil à bras, marque distinctive de cette
dignité, un nouveau personnage entrait dans
la salle.

C'était un homme brun, dans la force de
l'âge, à la barbe noire et épaisse, à la tenue
de conspirateur, sentant l'émeutier d'une lieue.
Il portait la tête haute et devait occuper un
grade élevé dans l'armée révolutionnaire. En
arrivant, il échangea un signe de reconnaissance avec plusieurs des assistants, et causa
quelques minutes avec Thibaudeau.

Peu d'instants après, il demandait la parole.

— Citoyens, mes frères, dit-il d'une voix forte et accentuée, en croisant ses bras nerveux sur sa poitrine, et en regardant d'un air inspiré les poutres du plafond, la République est menacée, la réaction relève la tête; cette infâme réaction à laquelle nous avons fait grâce le lendemain de février ! La trahison siége dans les conseils de l'Hôtel-de-Ville. La liberté est en danger...

L'orateur fit une pause et parcourut du regard toutes les parties de la salle comme pour mesurer l'effet de son exorde.

— *Vive la République*! hurla Thibaudeau.

— *Vive la République* ! répéta l'auditoire.

L'homme brun continua :

La liberté est en danger, ai-je dit. Déjà les patriotes sont traqués, les poules mouillées du *National* neutralisent les efforts de Sobrier, d'Huber et de tous les vrais amis de l'égalité. Le président de ce club n'a-t-il pas été jeté, pour un crime imaginaire, dans les cachots de la Force. Eh bien ! de semblables persé-

cutions nous attendent. Permettrons - nous
que toutes ces infamies s'accomplissent? Ne
sommes-nous plus les vainqueurs de février?
ne sommes-nous plus le peuple souverain qui
régnait il y a un mois sur les barricades ?

Puis interrogeant l'assistance :

— Citoyens, voulez-vous garder, ou bien
voulez-vous abdiquer cette souveraineté que
vous avez reconquise au prix de votre sang ?
Voulez-vous encore des maîtres et des ty-
rans ?

— Non, non ! cria la foule.

— Eh bien, alors ! si vous êtes encore ce
peuple vaillant et invincible, jaloux de ses
prérogatives, fier de sa liberté, amoureux de
son indépendance, suivez-moi : courons ensemble ouvrir cette prison où Pernicieux a
été jeté, comme tant d'autres, victime d'une
ombrageuse tyrannie. Nos frères nous attendent; courons, et, dans une heure, il ne
restera plus pierre sur pierre de cette bastille
nouvelle, où on emprisonne les défenseurs de
nos droits ; et comme nos pères, les illustres
vainqueurs de la Bastille de 89, nous saurons

Cavaignac

vaincre ou mourir en combattant.... Nous ne serons pas seuls ; nos amis du club des *Acacias* n'attendent qu'un signal : ce signal, donnons-le...., et la République est sauvée! A la Force ?

— A la Force ! répétèrent cent voix.

Et déjà la foule se pressait à la porte de la salle. Un tumulte indicible s'était emparé de l'assemblée, et c'est en vain que le président Charrier agitait sa sonnette pour obtenir le silence et pour prendre la parole. On ne l'écoutait plus.

A cet instant, Bornichon monta sur la chaise que venait de quitter l'orateur, et, dominant de sa voix claire et mordante le tumulte qui remplissait la salle :

— Que personne ne sorte ! s'écria-t-il.

Le ton dont Chrétien Bornichon avait prononcé ces mots : " Que personne ne sorte ! " avait quelque chose de si impératif et de si inusité à la fois, dans une réunion comme celle du club du *Cheval-Rouge*, qu'il produisit une hésitation générale. Toute cette foule qui se précipitait s'arrêta étonnée et attentive.

6

— Qu'allez vous faire, continua Bornichon ? Attaquer la Force, la détruire, en supposant que vous ayez le dessus ? Pourquoi ? Pour délivrer les prisonniers. Qui sont-ils ? On vous a dit qu'il y avait des républicains à la Force. Ça n'est pas vrai, il n'y a que des voleurs et des assassins : ceux-là ne sont pas républicains, voyez-vous ; car le peuple républicain de février, celui qui s'est battu et qui est entré aux Tuileries, — et j'en étais ; — celui-là avait écrit partout : « Mort aux voleurs, » et il fusillait les voleurs. Est-ce vrai, ça ?

Un bruissement qui n'était pas encore un signe d'approbation, mais qui prouvait que l'hésitation entrait de plus en plus dans les esprits, passa dans l'auditoire :

— L'orateur a raison, dit le président. Le peuple fusillait les voleurs, et la Force est la prison des voleurs.

Bornichon continua avec énergie .

— On nous a parlé du citoyen Pernicieux ; il a été notre président, et je veux bien me taire sur son compte. Mais plusieurs de ceux qui m'écoutent savent bien que le passé de Pernicieux n'est point fait pour être garant du présent....

Depuis quelques instants, Thibaudeau et l'homme brun s'entretenaient avec animation.

Tout à coup ce dernier, s'avançant vers Chrétien Bornichon, dit tout haut en le montrant à la foule :

— Citoyens, cet homme-là est un traître. C'est lui qui, le 24 février, a conduit à prix d'argent l'archevêque de Paris et un prêtre de l'archevêché, en inventant une histoire. Encore une fois, c'est un traître, un mouchard... Il faut le mettre à la porte.

Bornichon était devenu pâle comme un mort ; ses dents serrées mordaient ses lèvres blémies, à ce point qu'une goutte de sang en jaillit sous cette pression ardente. Ses yeux noirs s'animèrent d'un feu sombre, et prirent ce regard fixe et effrayant, particulier à la folie, qu'on ne retrouve que dans les grandes colères. Ses mains étaient crispées par la fureur ; à sa respiration haletante, on pouvait juger du désordre physique qui se faisait en lui et de la terrible émotion qui l'agitait.

Il descendit, toujours pâle et les traits contractés, de la chaise où il était monté ; et, prenant cette chaise d'une main, comme s'il eût eu besoin d'épancher la fureur qui le suffoquait, il l'enleva de terre, et, l'y rejetant avec violence, il la fit voler en éclats autour de lui.

En ce moment, les forces de Chrétien étaient décuplées par la colère : il eût brisé une barre de fer.

Le plus profond silence régnait dans l'assemblée. Tous sentaient qu'il allait se passer quelque chose de grave et de solennel ; tous les yeux étaient fixés sur ces deux hommes, l'insulteur et l'insulté ; tous attendaient avec impatience l'issue de cette scène.

Victor Charrier lui-même contemplait ce spectacle avec un intérêt mêlé de stupéfaction, et ne songeait pas à intervenir.

La chaise brisée, Chrétien s'avança lentement jusqu'à deux pas de l'homme qui l'avait appelé traître, et, le regardant toujours avec la même fixité, qui sembla déconcerter ce dernier :

— Tu m'as appelé traître, dit-il en appuyant sur chacune de ses paroles; tu m'as appelé traître devant deux cents personnes, tu as menti devant deux cents personnes ; tu as dit : «A la porte, le traître!» tu auras encore menti ; car devant ces deux cents personnes, témoins de l'injure, c'est moi qui vais te mettre à la porte. Ah! tu parles de traître, ajouta-t-il en s'animant et en perdant un peu de sa pâleur première; tu parles de traître, toi; toi le vendu de tous les temps; hier le dénonciateur stipendié de la monarchie, aujourd'hui sans doute le dénonciateur payé de la république : canaille hier, canaille aujourd'hui! Ah! tu m'as appelé traître, toi dont le métier est de pousser les autres en avant, sauf à les laisser se débarbouiller après. Ah! tu as dit : A la porte ! Eh bien, tu vas y aller à la porte..., mais par la fenêtre : tu seras plus vite descendu.

Et, s'élançant sur son adversaire, le jeune homme le saisit à la cravate comme pour exécuter sa menace.

Mais ce dernier avait la tête de plus que

6.

Chrétien ; et, bien que les forces de l'enfant de Paris fussent en ce moment doublées par la surexcitation de la colère, il suffisait de comparer les deux hommes pour prévoir l'issue probable d'un combat entre eux. En effet, Chrétien avait l'apparence chétive d'un enfant élevé dans les privations et la misère ; l'autre, au contraire, dans la force de l'âge, avait la stature et la tenue d'un gladiateur.

Aussi, à peine Bornichon eut-il saisi la cravate de cet homme, que celui-ci, se dégageant de cette étreinte par un effort vigoureux, jeta de côté son agresseur, qui, sans le lâcher pourtant, se trouva ainsi malgré lui tenu à distance.

A cet effort, Bornichon avait senti qu'il avait affaire à forte partie Il reprit tout son sang-froid ; lâchant la cravate à laquelle il était cramponné, il se recula de quelques pas.

— Oh ! oh ! il cagne, firent quelques voix.

Sans paraître se préoccuper de ces cris, Chrétien se posa sur ses jarrets comme s'il se mettait en garde pour attendre son adversaire.

Celui-ci ne bougea pas.

Un sourire de satisfaction passa sur les lèvres de Bornichon.

Il avait trouvé le faible de l'ennemi.

Levant le bras comme s'il allait frapper, il s'élança d'un air plein de résolution sur son adversaire, qui l'attendait toujours. Celui-ci vit venir le coup, et, confiant en sa force, il ne trouva rien de mieux à faire que de le prévenir par un coup pareil. Mais, au moment où il s'élançait à son tour pour le frapper, Chrétien se jeta rapidement de côté, et le coup, porté de toute force, ne rencontra que le vide.

Alors l'enfant de Paris, se repliant sur lui même et présentant sa tête comme un taureau qui se baisse pour mieux frapper, atteignit son adversaire à l'estomac, en même temps qu'il l'enlevait de terre de ses deux bras présentés en avant.

Cette riposte fut terrible ; et l'homme brun, perdant à ce choc et la respiration et l'équilibre, alla rouler de toute sa hauteur au bas d'une des fenêtres de la salle.

Sans perdre une minute et sans lui donner

e temps de se reconnaître, Chrétien enroula rapidement deux des doigts de sa main droite dans les longues boucles de cheveux de son ennemi, qui gisait à terre étourdi et sanglant, et, le saisissant de la main gauche par le milieu du corps, il l'enleva à la hauteur de la fenêtre, qu'il ouvrit :

— Gare là-dessous, cria-t-il. V'là un mouchard.

Une seconde encore, et l'homme brun allait, en effet, aller à la porte par la fenêtre.

Mais Victor Charrier s'était précipité au-devant de Chrétien.

— Au nom de l'humanité, dit-il, au nom de l'autorité de cette présidence qui m'a été conférée ce soir même, au nom des souvenirs qui nous lient et de cette charité que recommandait celui que vous avez sauvegardé le 24 février, renoncez à votre vengeance.... Je vous en supplie, ne tuez pas cet homme.

Toute la colère de Chrétien sembla s'évanouir à ces paroles. Il lâcha son adversaire, qui tomba lourdement à terre : il était sans connaissance. Dans sa chute, il s'était blessé à la tête, et son front était couvert de sang.

Thibaudeau le prit dans ses bras et l'emporta hors de la salle.

Après une pareille scène, il n'y avait pas moyen de s'occuper, ce soir-là, de la question de Pologne.

Victor Charrier leva la séance à huit heures et demie.

La foule s'écoula silencieuse, admirant la feinte habile dont s'était servi Bornichon pour tromper son adversaire, et professant dès lors un profond respect pour l'enfant de Paris.

Le président se rendit chez lui, en repassant dans son esprit tous les événements de la soirée, et un peu inquiété par ces prémisses.

Comme il allait entrer dans la rue Lesdiguières, un homme l'arrêt. C'était Thibaudeau. Il lui exposa la position désastreuse d'un patriote blessé en février, et qui n'avait pas de quoi se faire soigner. Une quête était ouverte en sa faveur, et le président du club du *Cheval-Rouge* ne pouvait se dispenser de faire quelque chose pour lui.

Charrier donna dix francs pour le blessé de février, qui n'existait que dans l'imagination de Thibaudeau.

Ainsi se termina pour lui la première soirée de présidence du club du *Cheval-Rouge*.

IV

UN VÉRITABLE AMI

Quelque temps après la scène que nous venons de raconter, un soir que Victor Charrier présidait, selon sa coutume, le club du *Cheval-Rouge*, on vint dire à Mme Charrier qu'un jeune homme demandait à lui parler.

Il était huit heures ; Mme Charrier était seule avec sa fille, assise comme elle auprès de la cheminée de sa chambre. La soirée était froide ; de grosses gouttes de pluie, tombant sur les conduits de plomb placés au dehors, rendaient un bruit sourd, monotone, et triste ; de temps à autre, les rafales du vent ébranlaient les volets des fenêtres. C'était une de ces soirées lugubres qui assombrissent les idées, et où la peur gagne plus facilement les cœurs timides.

— Quel est ce jeune homme? demanda Mme Charrier au concierge qui était venu annoncer le visiteur, étonnée qu'elle était d'une visite par ce temps et à pareille heure.

— Je crois l'avoir déjà vu, madame, répondit le vieillard; mais je ne saurais bien dire où.

Au reste, il a vivement insisté pour être reçu, disant qu'il avait à causer avec vous de choses urgentes.

— Mais, enfin, ce jeune homme !...

Le vieux serviteur lut sans doute dans le regard de sa maîtresse le sens de cette interrogation, car il reprit aussitôt :

— C'est un jeune homme de 18 à 20 ans. Il porte le costume d'un ouvrier; et, autant que j'ai pu l'examiner lorsqu'il est entré dans ma loge, il m'a paru avoir une figure ouverte et franche.

— Faites entrer ce jeune homme, dit Mme Charrier, voulant sortir de l'état d'incertitude où elle était, s'il a des choses urgentes à me communiquer.... Et, d'ailleurs, vous ne vous éloignerez pas; car nous sommes seules,

Cabet

ma fille et moi ; on sait mon mari absent, et par ce temps de révolution....

— Mais alors, maman, fit Arsène toute tremblante, pourquoi recevoir ce jeune homme que nous ne connaissons pas ?...

La jeune fille n'acheva pas ; elle poussa un cri. La porte entre-baillée venait de s'ouvrir, et un homme était apparu devant les deux femmes. Il était vêtu d'un bourgeron bleu, traversé par la pluie ; sa casquette de drap noir, qu'il tenait à la main, ruisselait l'eau, son pantalon était couvert de boue ; mais son attitude, à la fois humble et fière, n'avait rien qui dût effrayer ; sa physionomie, pleine de douceur, était loin d'annoncer de mauvais desseins.

— Pardon, madame, pardon, mademoiselle, dit le nouveau-venu, tout décontenancé par le cri qu'avait poussé Arsène ; pardon de vous avoir surprises. Mais comme je ne voyais pas revenir le vieux, et que je craignais que l'heure ne vous empêchât de me recevoir, je me suis permis d'avancer pour retrouver le cerbère, et lui dire mon nom et deux mots qui devaient me faire accueillir auprès de vous ; et puis, crac, je me suis trouvé dans cette chambre...; et j'ai fait peur à mademoiselle...., sans en avoir l'intention, bien sûr.

— Il n'y a pas de mal, mon ami, dit Mme Charrier, entièrement rassurée ; vous voyez que ma fille n'a plus peur. C'est votre apparition subite qui l'a saisie plutôt qu'effrayée... Mais que me voulez-vous, et qu'avez-vous à me dire ?

Le jeune homme désigna de l'œil le domestique, qu'il avait appelé cerbère, et qui, depuis cette appellation, le regardait de travers, et en même temps il dit d'un ton simple et digne à la fois :

— Je m'appelle Chrétien Bornichon, et c'est moi qui ai amené chez vous, le 24 février, monseigneur l'archevêque de Paris.

— Pierre, vous pouvez vous retirer, dit Mme Charrier au vieux domestique.

Cette seule phrase : « C'est moi qui ai amené chez vous, le 24 février, Mgr l'archevêque de Paris, » avait suffi pour changer en un vif intérêt la défiance qu'inspirait un instant avant aux deux femmes ce jeune homme qu'elles ne connaissaient pas. Arsène, surtout, le considérait avec une affection marquée.

— Mon ami, reprit Mme Charrier, ce souvenir suffit à vous recommander. Asseyez-vous donc, et veuillez dire ce qui vous amène.

Et, comme Chrétien, peu habitué à se trouver en pareille société, sentait son embarras augmenter, et ne savait par où commencer :

— Vous serait-il arrivé quelque malheur, à vous et aux vôtres, et pourrions-nous vous être.... utiles en quelque chose ?

Chrétien se leva d'un bond du siége qu'il occupait, et, regardant, Mme Charrier, avec une expression de fierté singulière :

— Je suis venu ici, madame, dit-il avec amertume, non pour demander des services, mais pour en rendre. Tout pauvre que je suis, j'ai du moins encore deux bras pour nourrir ma mère et moi, et, tant que je les aurai, ni elle ni moi, je l'espère, nous ne manquerons de pain ; ni elle ni moi ne demanderons l'aumône à personne.

— Monsieur, répliqua Mme Charrier, embarrassée à son tour, et prise, malgré elle, d'une sorte de respect pour cet enfant aux allures si fières, et qu'une offre qu'elle avait crue toute simple avait si fort offensé, mais sauvée par cette présence d'esprit qui n'abandonne jamais la femme du monde, Dieu m'est témoin que mon intention n'a pas été de vous blesser, encore moins de vous proposer une aumône : on rend service, on ne fait point l'aumône à ses amis.

Chrétien comprit tout ce qu'il y avait de flatteur pour lui dans la manière dont Mme Charrier réparait une erreur involontaire.

Sans paraître se souvenir de l'incident qui venait de se passer, il reprit aussitôt :

— J'ai dit, madame, que j'avais à vous entretenir de choses importantes ; le temps nous presse: car il ne faut pas que votre mari me trouve ici en rentrant du club ; il ne faut même pas qu'il sache que je suis venu. Vous allez le comprendre.

Après s'être arrêté un instant, comme pour

rassembler ses idées, il continua ainsi :

— Je ne suis, madame, qu'un pauvre enfant du peuple, sans instruction, et je sais toute la distance qu'il y a entre monsieur votre mari et moi ; vous ne vous offenserez donc pas de mes paroles, si elles vous paraissent folles, car elles sont dictées par un cœur sincère et par une conviction profonde. Si je me trompe, je me trompe de bonne foi. Personne ne peut m'en faire un crime.... Mais je viens au sujet qui m'amène.

Depuis le jour où j'ai conduit ici l'archevêque, où j'ai vu votre mari le recevoir si noblement, votre mari m'a *été*. J'ai eu plusieurs fois l'occasion de le revoir, de le juger; j'ai appris des choses sur son compte qui lui font honneur, j'ai su qu'il avait voulu améliorer *pour de vrai* le sort de l'ouvrier. J'ai eu la preuve enfin que c'était un brave et digne homme.... Je n'ai à aimer, voyez-vous, dans ce monde, qu'une pauvre bonne femme de mère, qui n'a elle aussi qu'à m'aimer et à faire ma soupe; — en sorte que, sans savoir pourquoi, je me suis mis à aimer votre mari, à l'aimer comme nous aimons, nous autres, à nous faire casser les reins pour quelqu'un.

Mme Charrier écoutait avec un étonnement mêlé d'émotion ce langage si simple, mais qui partait du cœur de l'enfant de Paris ; quand il prononça ces derniers mots, il y avait tant de vérité dans sa voix, tant d'entraînement dans l'animation qu'il mettait dans ses paroles, qu'involontairement et sans se rendre compte de son mouvement, elle saisit la main de Chrétien et la serra dans la sienne.

Arsène ne quittait pas du regard le jeune homme, et une larme brillait dans ses yeux.

Chrétien reprit :

— En sorte que je me suis dit : V'là un homme auquel je serais heureux d'être utile... Or il est arrivé que votre mari, par un tas de circonstances qu'il est inutile de rappeler ici, est devenu président du club du *Cheval-Rouge*. Eh bien, ce soir-là, j'aurais mieux aimé qu'il se cassât une jambe.... Ça vous semble drôle de m'entendre dire ça ; pourtant vrai de vrai, je le pense comme je le dis. C'est que votre mari, voyez-vous, y va de

franc jeu ; il prend tout ça au sérieux, et il
gobe toutes les *blagues* de ces farceurs de là,
qui sont des rien du tout, et pas autre chose ;
qui lui parlent de fraternité, et qui ne la pratiquent pas pour deux liards : — témoin cette
canaille que j'ai étendue tout de son long au
Cheval-Rouge ; mais ce n'est pas de ça qu'il
est question. Je disais donc que ça été un
malheur pour votre mari d'être nommé président de ce bouge-là ; c'est si vrai que je le
croyais, et que je le crois, que j'ai bien fait
tout au monde pour l'empêcher d'être élu,
puisque j'ai été jusqu'à le traiter d'aristo, lui
la perle des hommes, pas plus fier qu'un gou-
jon et pas plus chien qu'un Anglais ; mais je
ne m'en repens pas, c'était dans son intérêt :
s'il m'en veut à présent pour ça, il verra peut-
être plus tard que j'avais raison !

Chrétien continuait toujours, paraissant
plutôt se parler à lui-même que faire un récit.
L'enfant semblait, en effet, oublier qu'on l'é-
coutait. Mᵐᵉ Charrier, qui avait hâte de savoir où le jeune homme voulait en venir, l'interrompit en disant :

— Pardon, monsieur ! mais que pensez-vous que nous puissions faire pour éviter les malheurs que vous redoutez pour mon mari ?

— C'est vrai, fit Chrétien, je vous demande pardon ; je me mets là à faire des réflexions, et je ne vous dis pas tant seulement l'important. Si je suis venu ce soir ici, c'est que j'ai des raisons majeures de croire que d'ici à un temps plus ou moins éloigné, mais qui viendra, c'est sûr, les gens qui ne sont pas encore satisfaits de la république qu'on leur a donnée, et qui en voudraient une plus commode, une où ils n'auraient rien à faire et où ils mangeraient le bien des autres, une république avec les ateliers nationaux et toute la boutique, ces gens là tenteront une nouvelle révolution. Cette nouvelle révolution s'organise dans les clubs. Eh bien, votre mari abrite tous ces tripotages-là de son nom sans le savoir ; ils se servent de lui, et ils le compromettront si bien, s'il les laisse faire, que lorsque viendra le jour il ne pourra plus reculer. Et alors....

— Mon Dieu! mon Dieu! exclamèrent les deux femmes.

— Il ne faut pas se désoler, reprit Chrétien; mais il faut dissuader votre mari, votre père, de retourner au club. Il faut l'arracher à tous ces hommes qui le trompent, qui éveillent en lui des idées d'ambition qui l'étourdissent, qui lui parlent d'élection à la représentation nationale, rien que ça; en sorte que le brave homme croit ça, et va de l'avant, sans réfléchir... Quant à moi, j'ai fait ce que je pouvais faire; et puis d'ailleurs je vais me faire soldat. L'argent que je gagne aux ateliers nationaux me brûle les doigts. On organise, en ce moment, une garde nationale mobile, je vais prendre un engagement; je partagerai ma paie avec la mère, et y aura toujours du bouillon dans la marmite...; mais vous comprenez bien qu'une fois militaire, j'aurai des devoirs à remplir, et que je ne serai plus là pour veiller sur votre mari, et pour lui donner un coup de main au besoin. Il faut donc, madame, que vous qui devez avoir sur lui de l'influence, vous le décidiez à abandonner le

7.

club et les clubistes, et à mettre de côté les Thibaudeau et compagnie, un tas de gueux qui n'ont pas le sou et qui l'exploitent, si vous voulez éviter de grands malheurs.

— Il y a longtemps, répondit avec tristesse Mme Charrier, que j'ai supplié mon mari de renoncer à la politique et à vivre pour lui et pour nous; mais toutes mes représentations ont été inutiles, et je crains bien, encore cette fois, que mes instances ne soient vaines. Alors il ne me restera plus qu'à prier Dieu d'épargner notre famille.... Mais comment se fait-il que vous, monsieur, qui paraissez plein d'ardeur et de courage, vous quittiez vos travaux pour prendre l'état si précaire de soldat?

— Mon Dieu, madame, répondit Chrétien, j'aurai dix-sept ans et demi dans deux mois, dans trois ans je dois mettre la main dans le sac. Si je tombe au sort, il faudra bien partir; partir simple piou piou, tandis que la nouvelle garde qu'on forme est créée tout exprès pour les volontaires de Paris. Nous aurons une haute paie de 30 sous par jour, un uniforme *rupin*...., et des égards. Ça vaut la peine d'y réfléchir..... Et puis vous me parlez de travaux, madame : est-ce qu'il y a des travaux à présent? Mon Dieu, j'ai fait comme les autres ; j'ai levé des pavés, et j'ai crié : *Vive la République.* Qu'est-ce que cela nous a rapporté? Le chômage et les ateliers nationaux ; les ateliers nationaux, où tout le monde parle politique, mais où personne ne travaille ; ateliers de fainéants, où celui qui voudrait honnêtement gagner son argent est vilipendé, chassé, battu quelquefois ; le chômage, qui fait que la grève est déserte, parce que les patrons, ruinés ou effrayés, n'embauchent plus personne. Et c'est ça la belle république dont on nous promet merveille ; république de deux sous, où deux bras ne suffisent pas pour gagner sa vie. J'en suis soûl de la République. Soldat, je servirai la France, qui était France hier, qui est France aujourd'hui, qui sera France demain, malgré les républicains, malgré les Cosaques, si l'envie leur prenait de venir nous rendre visite.

— C'est bien cela, c'est bien. dit Mme Charrier, que l'indignation de Chrétien gagnait malgré elle. Oui, monsieur, soyez soldat de la France, et non soldat de l'émeute. Vous êtes jeune, et l'avenir vous appartient. Suivez, suivez toujours ces nobles instincts d'un cœur généreux. Vous avez derrière vous un précieux souvenir; qu'il soit pour vous comme un talisman. Les vœux de Mgr l'archevêque de Paris doivent bénir votre carrière et vous la rendre facile. Dieu doit vous protéger, vous qui avez protégé son serviteur.... Quant à nous, ajouta-t-elle en montrant sa fille, dont la physionomie trahissait assez l'émotion, et dont les yeux s'arrêtaient souvent à la dérobée sur l'enfant de Paris; quant à nous, je ne vous parle point de notre reconnaissance : vous êtes, je le vois, de ceux qui trouvent leur récompense dans le bien qu'ils font ; mais si nos vœux sont exaucés, si nos prières sont entendues, la Providence veillera sur vous et vous accordera tout le bonheur que vous méritez.

— Merci, merci, madame, de vos bonnes paroles, dit Chrétien en se levant. Je n'ai rien fait pour mériter cette reconnaissance dont vous parlez : mais quelque chose me dit que tout n'est pas fini entre nous ; quelque chose me dit que je pourrai vous prouver un jour que l'amitié d'un enfant du peuple n'est pas un vain mot.

Chrétien, debout, se disposait à gagner la porte. Les deux femmes s'étaient levées pour le reconduire.

A ce moment Arsène, détachant de son cou une médaille d'argent suspendue à un cordon noir, la présenta à Chrétien.

— Prenez ceci, monsieur, dit-elle d'une voix timide, en levant sur le jeune homme ses beaux yeux bleus, humides d'émotion ; c'est une médaille bénie par Monseigneur l'archevêque : vous allez devenir soldat, elle vous protégera aux heures de danger.

La jeune fille avait cédé à un mouvement involontaire, à un entraînement généreux du cœur ; elle s'arrêta, rouge de pudeur et de honte, et sembla chercher, dans le regard de sa mère, l'approbation de ce qu'elle venait de faire. Ce regard était plutôt doux que sévère, et un signe de tête indiqua à l'enfant que madame Charrier l'avait comprise.

Chrétien avait saisi avec empressement la médaille que lui avait donnée Arsène ; et, la considérant attendri, il dit à voix basse, comme s'il eût parlé à ce symbole d'argent :

— Oui, tu me porteras bonheur, toi qu'une main miséricordieuse a bénie, toi qu'une chaste et belle demoiselle a donnée au pauvre ouvrier. Tu seras pour moi plus qu'un signe religieux ; tu seras un souvenir précieux, une relique aimée.... Désormais tu ne me quitteras plus ; et si jamais j'étais sur le point de quitter ce droit chemin que je jure ici de suivre ; si un moment d'égarement m'entraînait hors du devoir, en te sentant là sur ma poitrine, je me souviendrais..., et je serais sauvé.

Et, passant à son cou la médaille bénie, Chrétien salua les deux femmes et sortit rapidement.

Deux voix lui avaient crié à revoir.

— Peut-être, dit Chrétien..., si je rentre ici désormais, c'est que mon sort sera changé, et qu'alors...

Il n'acheva pas. Mais à cet instant tout un monde d'espérances et de rêves de bonheur traversa son esprit ; il comptait sur lui-même, et il avait foi dans l'avenir...

Une demi-heure après la sortie de Chrétien Bornichon, Charrier rentra.

Il entra triomphant dans la chambre de Mme Charrier.

— *Plaudite, cives,* applaudissez, mesdames, s'écria-t-il l'air triomphant et le visage épanoui. Ce soir même on m'a proposé la candidature à l'assemblée nationale constituante, et peut-être....

— Mon ami, dit Mme Charrier en levant sur son mari un regard triste et doux, réjouissez-vous seul et applaudissez seul ; car nous autres, pauvres femmes, l'éclat qui vous éblouit nous effraie, l'espérance qui vous sourit nous fait peur. Vous renoncez sans regret à cette vie calme, à ce bonheur du foyer domestique qui était le nôtre, pour cette vie de hasards, d'émotions, et d'ambition trompeuse peut-être, qu'on vous montre du doigt. Puissiez-vous ne jamais vous repentir d'avoir abandonné une félicité obscure, mais du moins sûre et sans nuages, pour des joies qui s'évanouiront peut-être trop tôt, en vous laissant, hélas ! de trop amers regrets !

— Ta, ta, ta, ta, ta ! fit Charrier en éclatant d'un rire franc et prolongé. Où prenez-vous tout cela, ma bonne amie, et qui vous a farci le cerveau de toutes ces idées noires ? Eh quoi ! on me propose un honneur insigne qui seul suffirait à illustrer le nom que je porte, en supposant même que mes services personnels dans l'avenir ne concourent point à le rendre célèbre, et voici que vous me faites un sermon sur le mépris... des honneurs. Il faut, en vérité, que quelqu'un ait passé par là ; car vous n'avez pas l'habitude de vous mêler de politique et de me contre-carrer dans des projets que j'ai assez approfondis pour les croire bons, utiles, et surtout opportuns.

— Vous savez, Victor, reprit Mme Charrier sans s'émouvoir du ton léger de son mari ; vous savez si j'ai l'habitude de me mêler de vos affaires politiques ou non : mais il est pour les cœurs aimants des pressentiments qui ne trompent point. Depuis que vous vous êtes lancé dans cette existence démocratique, passez-moi le mot, qui vous plaît et pour laquelle vous avez rompu avec toutes vos habitudes de père de famille et d'époux, je sens là, sans pouvoir la motiver, une crainte inexplicable qui m'avertit que vous courez ou que vous devez courir bientôt un danger, un grand danger. Riez donc, monsieur; riez de ces faiblesses des êtres qui vous chérissent ; mais vous ne sauriez effacer ainsi des terreurs trop incessantes pour être vaines.

— A votre aise, madame, et je ne puis vous empêcher d'avoir peur. La peur est, je ne l'ignore pas, un sentiment qui ne raisonne point; mais ces craintes chimériques qui vous agitent ne doivent point me faire hésiter. Lancé comme je le suis sur la pente de la vie politique, il y aurait plus que de la faiblesse à reculer, il y aurait, maintenant que j'ai pris des engagements sérieux, de la lâcheté. Mes amis politiques comptent sur moi, et....

— Vos amis politiques, monsieur, quels sont-ils, je vous prie? Quels sont les hommes

à qui, vous homme d'honneur, vous voulez
bien donner ce nom aujourd'hui. Des piliers
d'estaminet, des gens de rien, l'éternelle fange
des révolutions, qui remonte en haut, lorsque
le terrain, détrempé par la tempête, manque
sous les pieds de tous, mais qui retourne bientôt d'où elle est sortie, lorsque chacun et
chaque chose reprennent la place qui leur ap-
partiennent. Nommez-moi, nommez-moi, monsieur, un homme digne de ce nom d'ami que
vous venez de donner à des indignes, et j'a-
vouerai que j'ai tort de craindre pour vous.

Charrier parut un instant embarrassé. Le
fait est que ses amis politiques, comme il les
appelait, étaient tous, — il fallait bien que,
malgré toute sa bonne volonté, il se l'avouât
à lui-même, — des gens de rien, capables de
tout, empruntant volontiers, mais ne rendant
jamais, — il le savait mieux que personne, —
jouant fort bien la poule au café du coin ; mais
ne payant jamais le cafetier qui les craignait
et n'osait leur demander d'argent, et se gar-
dant bien de travailler, afin de vouer sans
doute à la propagande démocratique toutes

les heures de leur patriotique existence.

Cependant il reprit bientôt avec assurance :

— Il vous plaît de les juger ainsi, madame : je ne chercherai point à changer votre opinion. Et du reste peu m'importent ces hommes. Ce qui m'importe, c'est de donner à mon pays tout ce que j'ai de force et d'énergie, à mes concitoyens tout ce que j'ai dans l'âme de dévouement fraternel, de capacité et d'intelligence : ce qui m'importe, c'est d'assurer à l'artisan une existence plus heureuse, une vieillesse exempte de misère, à ses enfants une éducation libérale et égale à celle des enfants du riche, de contribuer enfin à donner à tous la plus grande somme de bonheur possible, en leur rendant plus facile la pratique de toutes les vertus. Si cette volonté doit me porter malheur, si cette ambition doit me perdre, je suis résigné d'avance à mon sort. C'est le propre des vrais amis de l'humanité d'être les premières victimes de leur dévouement. Jésus-Christ, l'Homme-Dieu, n'a-t-il pas été honni, condamné et crucifié? A moi donc aussi la croix de mission, à moi les

épines de la couronne du Sauveur, à moi
toutes les ignominies et toutes les ingrati-
tudes, si ma parole doit, un jour aussi, passer
bénie par le peuple, et si plus tard on doit
dire aussi de moi : « Voici un homme qui aima
ses frères et qui mourut pour eux. »

A cet instant, la tête de Victor Charrier
respirait une exaltation extrême ; c'était sé-
rieusement, de bonne foi, que le président du
club du *Cheval-Rouge* comparait sa mission
humaine dans l'avenir à la mission divine du
Christ sur la terre ; c'était sans rougir qu'il
mettait en regard ce qu'il y a de plus grand
et de plus respecté avec ce qu'il y a de plus
misérable dans notre misérable humanité.

Mme Charrier et sa fille étaient sorties,
laissant le futur candidat se promener dans
la chambre en proie à la plus complète animation.

— Représentant, reprit-il quand il fut seul ;
représentant, moi Victor Charrier : moi le
fils obscur d'un obscur ouvrier, que son travail
a enrichi, j'irai siéger sur ces bancs où vien-
dront s'asseoir les délégués de la France ; je

pourrai parler pour mon pays tout entier,
être admiré peut-être par mon pays tout entier.... Et voici que des femmes me jettent à
la tête des craintes puériles, des récrimina-
tions absurdes? Au lieu de me dire : « Va, mar-
che, tu es dans le chemin de la gloire, « on me
dit : « Prends garde, tu es sur la voie des
périls. « Au lieu de m'encourager, on cherche
à m'inspirer de l'effroi, du découragement.
Mais non, le sort en est jeté, mon nom sera
un des 900 noms des représentants de la na-
tion ; car, Thibaudeau me l'a dit, si mon nom
est accepté par le club des clubs, mon élection est assurée....

Onze heures sonnaient.

Victor Charrier rentra chez lui.

Un quart d'heure après, tout était calme
dans l'hôtel Raymond, et une dernière lumière
s'éteignait dans l'appartement occupé par la
famille Charrier.

Cette lumière, qui s'éteignait ainsi la dernière, était celle d'Arsène.

A cette heure, chose singulière, un homme
était placé dans la rue, au fond d'un angle obs-

cur, la tête tournée vers la chambre de la jeune fille.

Quand tout fut devenu noir dans la masse de l'hôtel, il quitta l'endroit où il était placé, et, regardant encore avec regret la fenêtre, protégée par les rideaux blancs de la jeune fille, il s'éloigna rapidement.

On eût dit la démarche assurée de Chrétien Bornichon.

V

LES ÉLECTIONS

La république, nous ne dirons point reconnue, mais proclamée, imposée, si l'on veut, et ce mot serait plus vrai, il s'agissait de donner à la France un gouvernement réel, au lieu du simulacre de gouvernement qu'on lui avait improvisé dans un coup de main hardi. On avait dit d'abord : « Le pays décidera » ; puis on décida pour le pays, et la forme républicaine fut décrétée inamovible, en même temps qu'on décrétait l'amovibilité de la magistrature : singulière contradiction de la plus singulière comédie politique qui se soit jouée sous les yeux d'un peuple éclairé, depuis qu'il existe des peuples éclairés !

On s'occupa d'élire une assemblée nationale constituante.

Donner une fille à la dernière constitution octroyée à la France, laquelle n'était guères que la cinquantième descendante d'une mère oubliée, sinon repoussée, vilipendée et honnie à son temps, ce n'était pas une mince affaire.

Aussi, que de précautions on prit pour cela !

On envoya ou on nomma dans les départements, sous le prétexte spécieux de créer des commissaires républicains, tout ce que la nullité la plus excentrique ou l'incapacité la plus exemplaire recommandait spécialement auxchoix des usurpateurs du 24 février ; il est vrai de dire que le parti des vainqueurs improvisés se composait, pour la plupart, d'incapables, de fous ou d'échappés de prison : témoins Riancourt, et tant d'autres commissaires dégommés qui vivent aujourd'hui, les uns à la charge de l'État dans les établissements nationaux, bagnes, maisons de détention, etc. ; les autres dans leurs terres, ruinés par leurs prodigalités, estimés de tous ceux qui ne les connaissent point, méprisés de tous ceux qui les ont connus et qui savent ce qu'ils valent; capacités douteuses qu'on avait élevées jusqu'à la dictature, et qui ne comportaient pas même l'étoffe d'une mairie de campagne; héros de liberté, d'indépendance, et surtout de mauvaise vie et de mauvaises mœurs; qui voulaient volontiers la république de Sparte; sauf le brouet noir, la vertu et toutes les mauvaises herbes de Lycurgue et Cie.

Bref, on commanda des élections de par Ledru - Rollin, l'avocat joufflu et ruiné, Georges Sand, la femme forte, auteur d'*Indiana*, *Valentine*, et autres obscénités à l'usage des femmes fortes de tous les temps, et des bulletins républicains écrits entre deux verres de vin de Champagne sur les sophas du Luxembourg, en compagnie de l'amour et de l'amitié, ces *gais compagnons du voyage*, comme dit la chanson. On promit monts et merveilles aux instituteurs; pauvres gens qu'on prit par le faible de tout ce qui respire l'intérêt, et qui crurent sur parole les déclamations d'un Carnot, qui avait célébré jadis le gouvernement constitutionnel, ses avantages, ses douceurs, et ses excellents résul-

tats, mais qui avait changé depuis avec le
gouvernement, et salissait, quelques années
plus tard, ce qu'il honorait quelques années
avant. On organisa, en un mot, sur la plus
vaste et la plus remarquable échelle, ce te
bonne vieille corruption électorale, l'éternel
champ de bataille de tous les journaux libé-
raux de l'ex-monarchie ; et on fit audacieuse-
ment, ignoblement, à ciel ouvert, sans pudeur
et sans honte, beaucoup plus et beaucoup plus
mal que n'avaient jamais fait les plus corrom-
pus de cette monarchie *corrompue* qui avait
donné à la France dix-huit ans de prospérité,
de richesse, de tranquillité, et même de liberté, quoi qu'en aient dit les républicains du
National avant et après le 24 février, mais
surtout le lendemain, parce que c'était alors
plus commode et moins dangereux.

A Paris, la bourgeoisie avait été si terrifiée
tout d'abord, qu'elle arriva un beau soir à considérer comme une faveur du Ciel la présence
de certains républicains non immodérés au
pouvoir, elle qui avait cru un instant possible
le retour de la terreur et des jacobins. Toute

cette partie de la population qui avait stupidement crié vive la réforme, cria encore vive la république, de peur d'entendre crier vive la guillotine ; de faiblesse en faiblesse, on alla jusqu'à supporter ce nouveau régime, jusqu'à le soutenir même par un concours passif. Ce sera une éternelle honte pour cette bourgeoisie de 1848 que cette indigne transaction faite par elle aux pieds des barricades, que cette noire ingratitude, que cet amour excessif *de sa peau* qui la décida à oublier d'un seul coup tout un passé fait par elle ou pour elle, à trahir une famille qu'elle avait placée sur le trône, et qui avait constamment servi ses intérêts, une famille dont les fils avaient combattu glorieusement dans les rangs des soldats de la France.

La bourgeoisie, qui avait abdiqué son droit de *veto* sur la révolution de février ; la bourgeoisie continuant ce système terre à terre, cette politique d'égoïsme inaugurée sous le prétexte de réforme électorale, abdiqua encore le droit qu'elle avait de tuer la révolution par ses votes.

Elle n'était pas remise de sa peur.

Elle vota pour la dynastie usurpatrice du *National*.

La capitale présenta, lors de ces premières élections, un incroyable spectacle.

Tout commerce était mort, à l'exception de ceux qui fournissaient et noircissaient le papier de toute couleur qui couvrait les murs, ou qu'on distribuait à domicile et dans les rues. Paris était devenu un pays d'or pour les chiffonniers.

Victor Charrier, porté par le club du *Cheval-Rouge*, et non admis par le club des clubs sur la liste générale des patriotes, — c'était un propriétaire, et il y avait déjà des gens qui disaient : Tout propriétaire est un voleur ; — Charrier n'avait pas perdu une seule de ses illusions.

Thibaudeau lui avait persuadé qu'il fallait prendre les moyens les plus énergiques, faire les sacrifices les plus complets, pour arriver à la représentation, et de la poche de Charrier plusieurs billets de mille francs destinés à une propagande utile et colossale étaient passés dans la poche de Thibaudeau, qui était allé en manger la plus grande partie à la barrière.

Toutefois, comme les professions de foi pleuvaient, Victor Charrier fit la sienne.

Elle est assez curieuse, comme pièce historique, pour que nous la relations textuellement ici. La voici :

« Citoyens,

» Vous allez avoir à nommer les hommes qui seront chargés de donner à la France une constitution républicaine.

» C'est une mission sérieuse que celle que vous allez confier là.

» Il faut un patriotisme sincère et éclairé pour mériter vos suffrages.

» Fort de ma conscience, fier des sentiments républicains qui m'animent, je viens à vous, et je vous dis :

» Votez pour moi.

» Votez pour moi, car je suis dévoué à votre cause.

» Président d'un club, vous m'avez entendu souvent vous parler en ami et en frère. Peuple, je ne t'ai jamais flatté ; je t'ai quelquefois dit de dures vérités : c'est que je t'aime, vois-tu, comme la chair de ma chair, comme les os de mes os. Ne sommes-nous pas tous frères?

« Eh bien ! frères, je veux pour vous la vie plus heureuse, l'avenir assuré ; pour vos enfants l'éducation, hier encore privilége du riche ; comme si le pain de l'intelligence n'é-tait pas aussi nécessaire que le pain du corps. Je veux pour l'ouvrier qui travaille le bénéfice de l'association du travail ; je veux l'existence à bon marché, le vin et la viande du prolé-taire sans impôt inique.

" Que vous dirai-je? Je veux la justice, l'équité, l'égalité dans la joie, et non l'égalité dans la douleur ; je veux la fraternité, mais la véritable fraternité, la charité chrétienne, qui dit : Aidez-vous les uns les autres ; mais non point la charité dorée qui donne de loin; la liberté pacifique du droit qui vient d'en haut, et non la licence du despotisme qui sort d'en bas.

" Si vous connaissez quelqu'un qui mérite mieux que moi l'honneur insigne de vous re-

présenter, choisissez-le ; vous trouverez peut-
être plus digne, vous ne trouverez pas meilleur.

       » Fraternité !

          » Victor CHARRIER,

     » *Propriétaire, président du club du*

     » *Cheval-Rouge.* »

La forme singulière de cette profession de
foi ne sauva pas Charrier de l'ingratitude et
de l'oubli.

Les habitués du club du *Cheval-Rouge* lui
donnèrent seuls leur voix, et la tirade philan-
thropico-démocratique qu'il avait fait afficher
sur les murs de Paris fut du papier et de l'encre perdus. Thibaudeau s'efforça de lui prouver que la trahison seule avait causé cet échec,
et qu'aux élections prochaines il serait facile
de s'en relever.

Charrier détourna la tête ; il commençait à
réfléchir ; encore un peu, et il allait ouvrir les
yeux.

Un fait assez remarquable, c'est qu'une
compagnie de gardes mobiles casernés à
l'*Ave-Maria*, près la rue Saint-Antoine, à

deux pas de chez lui, avait tout entière voté pour lui Charrier. Cependant il n'avait jamais vu un seul garde mobile venir au club du *Cheval-Rouge*. D'où pouvait venir cette estime spontanée d'un corps qui lui était complètement inconnu ?

Un soir que, honteux de sa mésaventure, il causait avec Mme Charrier de la déception qu'il venait d'éprouver, il signalait avec étonnement cette circonstance singulière.

— Il n'y a rien là d'extraordinaire, mon ami, fit Mme Charrier. C'est qu'au club du *Cheval-Rouge* vous n'avez pas d'amis, et qu'à la caserne de l'*Ave-Maria* vous en avez un véritable.

— Lequel, madame? fit Charrier, surpris.

— Un garde mobile, un enfant de Paris, celui qui a conduit chez vous l'archevêque de Paris, celui qui voulait vous empêcher de devenir président d'un club, celui qui ne croyait pas à votre élection, et qui pourtant a voté et fait voter pour vous, Chrétien Bornichon en un mot.

— C'est un brave enfant, dit Charrier, tout ému.

Puis il ajouta comme malgré lui :

— C'est égal, j'aurai peut-être ma revanche. Il y aura des élections à refaire, et alors peut-être....

— Mon Dieu, mon Dieu ! murmura Arsène, il n'est pas encore guéri.

VI

LES JOURNÉES DE JUIN

Le vendredi 23 juin, l'émeute avait encore une fois envahi Paris. Les ateliers nationaux avaient porté leurs fruits, et les 22,000 condamnés libérés enrôlés sous le drapeau du travail attrayant (ce chiffre est rigoureusement exact), ces 22,000 condamnés libérés, avant-garde de l'insurrection, étaient à leur poste.

Nous n'essaierons pas de retracer ici ces funestes journées qui jetèrent sur la France un voile lugubre, et qui ébranlèrent le pays jusque dans les départements les plus éloignés. Disons seulement en passant qu'il faut espérer que le souvenir de la province se levant en masse et marchant sur Paris restera vivant au milieu de nous, pour rappeler aux suppôts de l'émeute que si jamais l'anarchie pouvait être un instant victorieuse, la province tout entière serait là pour l'étouffer dans son germe.

Nous revenons immédiatement aux acteurs de ce drame intime.

Pendant que le faubourg et la rue Saint-Antoine, et tous les quartiers environnants, se couvraient de barricades, Charrier, effrayé de la lutte qui se préparait, était rentré chez lui, fort peu disposé à y prendre part. Bien que président d'un club fort avancé, Charrier, dont nos lecteurs connaissent la situation excentrique et le caractère au moins original, eût formellement désapprouvé le recours à la force, si on l'eût consulté. Mais personne n'avait pris cette peine, et Thibaudeau, qui était sans doute averti de tout, ne lui en avait pas dit un mot. En présence des événements, le propriétaire de l'hôtel Raymond commençait à considérer sa dignité comme un embarras, bien plus comme un danger. Ne manquant pas de cet entrain quasi belliqueux qui est le propre de certains hommes fort braves en paroles à la tribune d'un club, il n'avait pas, il faut bien l'avouer, ce vrai courage qui se garde pour les circonstances graves, pour les moments de péril réel. Bref, faire le coup de fusil n'était ni par goût ni même par opinion le fait de notre héros.

Mais, hélas! il avait joué avec le feu, il devait payer son imprudence.

La journée du vendredi se passa sans encombre.

La répression n'avait commencé que fort tard. On avait donné aux insurgés le temps d'organiser leur défense; ils s'étaient occupés d'eux et non des autres.

Aussi Charrier resta-t-il tout ce jour-là parfaitement tranquille chez lui.

Mais dès que le général Cavaignac, jugeant sans doute qu'il était bien temps d'en finir, songea enfin à défendre la société menacée; dès que les insurgés, attaqués sur tous les points, songèrent à compter leurs forces, tout changea de face.

Samedi, lorsque l'action devint chaude dans tout le quartier Saint-Antoine, les défenseurs des barricades demandèrent leur président de

Proudhon

club, leur chef de file qui n'était pas là ; et toute la journée on vint le réclamer à l'hôtel Raymond.

Charrier s'était caché dans la plus profonde des caves de sa maison.

Mme Charrier répondit qu'elle était fort inquiète de son mari, parti depuis le matin. On se retira.

Mais, comme on ne le rencontrait nulle part, on se lassa de le demander sans jamais le trouver. Quelques-uns crièrent à la trahison, et le bon peuple des barricades se mit dans la tête d'avoir son président de club mort ou vivant. Les bruits qui circulaient l'avaient d'ailleurs mis de fort mauvaise humeur ; la voix du canon, qui n'avait cessé de se faire entendre depuis la veille, et qui semblait disposée à ne pas se lasser de longtemps ; les mauvaises nouvelles qu'on répandait sur le sort de l'insurrection dans les autres quartiers de Paris, tout cela fit que Charrier fut, en un instant, décrété d'accusation, et qu'il fut décidé qu'on irait le requérir. Il devait être chez lui, puisqu'on ne le voyait nulle part.

Ce qui fut dit fut fait.

Au moment même où la place Royale était envahie par la troupe qui devait du reste s'y trouver un peu plus tard dans l'obligation de rendre les armes, une délégation se dirigeait de la rue Saint-Antoine vers l'hôtel Raymond, rue Lesdiguières.

Quelques coups de fusils donnés dans la porte, quelques cris menaçants, poussés comme avertissement préalable, décidèrent Mme Charrier à ouvrir.

— Nous voulons Charrier, notre président, dit le chef de la troupe. Il était bien notre chef au club, pourquoi ne le serait-il pas sur les barricades.

— Messieurs, dit Mme Charrier, toute tremblante, j'ai déjà répondu à plusieurs personnes qui sont venues comme vous demander mon mari, qu'il était sorti, et que son absence....

— C'est une *blague*, interrompit une voix partie du groupe.

— Messieurs, je vous proteste, essaya d'articuler la pauvre femme, plus morte que vive.

— Fouillons la maison, reprit l'un.

— C'est ça ! dit un autre.

— Eh, non ! *fichons-y* le feu, proposa un autre ; s'il y est, il sortira.

Tous les locataires de la maison s'étaient mis aux fenêtres, écoutant ce qui se passait à la porte de l'hôtel, et fort effrayés de la visite domiciliaire qu'on leur promettait, et surtout du feu qu'on proposait comme suprême argument.

Cependant, comme le peuple de Paris, nous parlons du peuple qui fait des barricades , joint, quoi qu'on en ait dit, à une grossièreté que nous avons eu l'occasion de mettre à l'épreuve, un entêtement que nous avons eu également le plaisir d'expérimenter, la députation entra dans la cour et se disposa à procéder à une visite minutieuse des localités.

Mme Charrier était restée en arrière ; les jambes de la pauvre femme pliaient sous elle, et elle ne pouvait songer, sans la plus vive terreur, à ce qui arriverait si on découvrait son mari, là où elle l'avait fait cacher ; mais, en épouse dévouée, elle se disait : « Qu'ils brûlent la maison, et qu'ils me laissent mon mari. »

Malheureusement un locataire, que quelques paroles saisies au passage avaient mis au courant de la vérité, craignant sans doute pour lui une visite domiciliaire qui n'était pas le moins du monde de son goût, un locataire: disons-nous, fort égoïste sans doute, mais, en résumé, fort logique, se dit de son côté « Qu'ils prennent le mari et qu'ils ne brûlent ni la maison ni ce qui m'appartient. »

Partant de là, le traître apprit aux envoyés du peuple souverain que le président du club du *Cheval-Rouge* était honteusement enfoui sous un monceau de paille, à l'abri d'un énorme baquet, dans une des caves de la maison.

Cinq minutes après, Charrier était à la tête de la députation, le fusil en main et accueilli par les cris de: *Vive notre président!* qui, dans ce moment, lui paraissaient plutôt une sanglante épigramme qu'un témoignage réel d'estime.

Cependant, il faut le reconnaître, il ne lui fut fait aucun mal.

Seulement il fut, jusqu'au lendemain, gardé à vue sur la barricade où on l'avait installé. Le prestige du pauvre homme était tombé, et on lui eût volontiers cassé la tête d'un coup de fusil, s'il eût fait mine de quitter son poste.

Mme Charrier avait été sublime. Elle avait accepté toute la responsabilité de l'absence de son mari; elle avait dit l'avoir enfermé; puis elle l'avait embrassé en pleurant, mais toujours digne, toujours noble.

Arsène, qui avait assisté à toute cette scène de sa fenêtre, Arsène sanglotait.

Cependant l'insurrection perdait du terrain; le dimanche matin 26 juin, elle était refoulée dans le faubourg Saint-Antoine.

Victor Charrier, toujours surveillé, avait été emporté par le flot populaire.

Placé derrière une barricade, le fusil à la main, le cœur plein d'angoisse et de repentir, il maudissait la misérable folie qui l'avait jeté au milieu de ces hommes dont il avait voulu essayer de faire de bons citoyens, et qui faisaient de lui, de vive force, un insurgé, un citoyen hors la loi. Vingt fois il fut sur le point d'appuyer sur son front le canon du fusil qu'il tenait à la main, et de se faire sauter la cervelle. Vingt fois la pensée de sa femme, de sa fille, plus que cela, la pensée de Dieu arrêta sa main.

Il était huit heures du matin. La fusillade n'avait pas cessé depuis le jour. Devenu presque indifférent à ce qui se passait autour de lui, Charrier entendait le bruit de la mousqueterie sans paraître s'en préoccuper. La peur avait fui de son âme. Les pensées qui la remplissaient étaient d'ailleurs trop graves et trop pénibles pour laisser place à d'autres pensées.

Tout à coup le feu dirigé contre le faubourg cessa.

Uu murmure de joie et d'espérance s'éleva autour de Charrier ; chacun regardait à travers les meurtrières pratiquées dans la barricade même.

Charrier regarda aussi.

— Mon Dieu ! s'écria-t-il, quel rapprochement ! Pourquoi n'ai-je pas écouté la voix de ce prêtre qui était une prophétie.

Or voici ce que Charrier avait vu :

A cinquante pas devant la barricade s'avançait, portant une branche d'arbre en signe de paix et de concorde, l'archevêque de Paris. accompagné de deux ecclésiastiques.

La figure du prélat rayonnait de cette divine charité, de cette expression sublime d'amour et de fraternité que Charrier, alors son hôte, avait remarquée sur ses traits le 24 février.

Au moment où, parvenu tout près de la barricade, il se disposait à la franchir. une parole sublime, en ce moment suprême, sortit de sa bouche : *Bonus pastor animam suam dat pro ovibus suis*: *Le bon pasteur doit donner sa vie pour ses brebis.*

Ainsi se retrouvaient face à face, à six mois de distance, ces deux hommes, le prêtre et le bourgeois : le prêtre toujours calme, toujours résigné, toujours plein de ferveur et d'espérance ; le bourgeois triste, abattu, coupable, amèrement puni.

C'était une permission de Dieu.

Au moment même où le prélat escaladait les monceaux de pavés qui défendaient la forteresse improvisée, levant vers le ciel un regard rempli d'espoir, Charrier, l'insurgé par occasion, le clubiste pris au mot, baissait la tête plein de honte et de désespoir.

A la vue de l'archevêque, les soldats de l'émeute s'étaient découverts et s'étaient approchés avec respect.

Déjà le pasteur avait prononcé quelques paroles pleines d'onction, lorsque tout à coup, au milieu du silence qui s'est fait pour un instant sur tous les points du champ de bataille, jonché d'hommes et de débris, et tout à l'heure encore rempli de bruit et d'horreur, un coup de feu retentit.

Ce coup de feu, parti d'une des fenêtres voisines, a atteint le prélat dans les reins; sa blessure est mortelle. Il s'affaisse sur lui-même en balbutiant encore des paroles de paix et de pardon.

Il avait prononcé lui même son arrêt: *Le bon-pasteur doit donner sa vie pour ses brebis.*

Le prélat a été relevé par les insurgés, et transporté chez le curé des Quinze-Vingts, dans la rue de Charenton.

Mais la nouvelle a volé rapide comme la foudre :

« L'archevêque est mort. »

Ce cri répété parcourt tous les rangs, l'indignation gagne tous les cœurs, l'impatience emporte tous les courages ; un détachement de gardes mobiles donne le premier signal: En avant ! crie-t-on de toutes parts, vengeons l'archevêque.

En un instant la première ligne de barricade est enlevée. C'est justement celle où se trouve Victor Charrier.

Dans leur rage les jeunes gardes mobiles tuent tout ce qui leur résiste ; tous ceux qui sont épargnés sont faits prisonniers ; mais le châtiment ne doit pas les attendre longtemps.

Conduits à deux pas de là ils sont placés contre un mur pour y être fusillés.

Charrier aussi a été pris. Il n'a pas essayé de résister. Appuyé contre la muraille comme les autres, il attend son tour. Sa figure exprime une résignation navrante. Une larme brille dans ses yeux. Sa dernière pensée est pour sa femme, pour sa fille ;.... il se souvient..., Le fer s'abaisse devant lui..., le coup part..................

Il est sauvé! Le canon du fusil a été détourné par une main amie.

En même temps une voix s'est écriée : « A moi cet homme, il m'appartient. »

Celui qui a prononcé ces mots est un jeune homme qui porte l'uniforme de la garde mobile. Son képi rouge est traversé de plusieurs balles ; sa tunique est déchirée et souillée de sang ; son pantalon bleu, relevé par le bas et retenu dans ses guêtres de cuir, tombe en lambeaux; son fusil, attaché en bandoulière sur son épaule gauche, est noirci par la poudre ; son visage est aussi noir que son fusil et ruisselle de sueur ; une de ses mains, la main droite, celle qui a détourné l'arme fatale, est enveloppée d'un linge sanglant; mais la physionomie de ce jeune soldat, dont l'équipement indique la valeur et les services rendus, est en ce moment calme, sereine et pleine d'une ineffable douceur. Il considère, triste et attendri, le regard heureux et fier, l'homme qu'il vient de sauver.

Nos lecteurs ont sans doute reconnu Chrétien Bornichon.

C'est en effet l'enfant de Paris qui vient d'arracher le bourgeois de la rue Lesdiguières à une mort certaine.

Les gardes mobiles ses camarades, qui ont entendu ce mot : « A moi cet homme, il m'appartient, » ont cru à une vengeance individuelle ; ils ont supposé que Chrétien avait un compte militaire à régler avec l'insurgé, et ils ont abandonné sans résistance ce dernier aux mains du nouveau-venu.

Victor Charrier lui-même ne se croit pas hors de danger.

— Que voulez-vous de moi, dit-il à Chrétien. Pourquoi m'arracher à la mort? Est-ce pour me la faire attendre dans les tortures?

— Suivez-moi, dit vivement Bornichon sans répondre à cette question.

Et prenant Victor Charrier par le bras, il lui fit franchir la barricade, et le conduisit ainsi jusqu'à la place de la Bastille, alors occupée militairement.

Il était plus difficile de traverser cette place, couverte de troupes formant un cordon afin de couper toute retraite aux insurgés.

Chrétien comprit que d'un instant à l'autre son dévoûment pouvait devenir inutile ; mais la présence d'esprit était le fort de l'enfant de Paris. Parvenu derrière un monceau de décombres, il s'arrêta tout à coup.

— Pas un mot, dit-il, pas un geste, quoi que je fasse et quoi que je dise, ou vous êtes perdu.

Saisissant par le milieu du corps Charrier ébahi, il le plaça malgré sa blessure sur son épaule, en lui faisant de son fusil comme un parachute.

—Fermez les yeux, dit-il, et.... les oreilles.

A deux pas de là Chrétien fut arrêté par un officier qui lui demande où il allait avec cet homme sur ses épaules.

— C'est un ami, dit le garde mobile, un parent qui a combattu au milieu de nous ; il est blessé et je le mène chez lui à deux pas d'ici.

— Pourquoi pas à l'ambulance !

— Il sera mieux soigné chez sa femme.

— Va donc, et reviens vite, car l'affaire n'est peut-être pas finie.

— Soyez tranquille, mon capitaine, le temps d'aller et de venir, et je retourne à la danse.

Quelques minutes après, le garde mobile frappait à la porte de l'hôtel Raymond, d'une façon si impérative, que le vieux concierge accourut ouvrir aussitôt.

— Adieu, M. Charrier, dit le jeune homme. Restez chez vous et cachez-vous. Je suis bien aise de vous avoir prouvé que je suis votre ami... Dites à vos dames que la médaille m'a porté bonheur, et qu'à part une égratignure que j'ai à la main, les balles ont eu peur de moi. Il est vrai, ajouta-t-il en jetant un regard de regret sur son képi et sur sa tunique tout percés, qu'elles ont endommagé mon uniforme. Mais, bah! on m'en fera un autre, à moins cependant.....

Une fanfare d'appel éclata au loin.

— Diable, diable! v'là la criarde qui résonne. A revoir, bonjour à ces dames.

Et Chrétien reprit, en courant, le chemin du faubourg Saint-Antoine.

Victor Charrier n'avait pas trouvé une seule parole à répondre à cette espèce d'allocution débitée avec une volubilité extraordinaire ; mais quand il vit s'éloigner l'enfant de Paris, la pensée lui revint pour ainsi dire tout à coup ; ses facultés, en quelque sorte anéanties par les secousses morales qu'il venait de supporter, se réveillèrent toutes à la fois ; le jour se fit dans son esprit, jusqu'à ce moment anéanti et sans force contre l'émotion qui s'emparait de tout son être : au lieu de courir vers les siens pour les rassurer, il resta immobile et comme terrassé au milieu de la cour, suffoqué par les sanglots et par les larmes.

Cependant Mme Charrier et sa fille l'avaient vu arriver et l'avaient reconnu.

Elles descendirent au-devant de lui ivres de joie.

— Sauvé, sauvé ! s'écrièrent-elles ensemble en l'embrassant.

Quand le premier moment d'expansion fut passé :

—Mon ami, quel était donc ce jeune garde mobile qui vous a ramené? demanda Mme Charrier.

—Ah! ma mère, dit vivement Arsène d'un air de triomphe, vous ne l'avez point reconnu? C'est *Monsieur* Bornichon.

—Oui, c'est *Monsieur* Bornichon, reprit Victor Charrier en appuyant sur ce mot, pendant qu'il montait avec les deux femmes le perron de l'hôtel, un noble enfant, un grand cœur. Oui, c'est M. Bornichon, un ouvrier, un *homme de rien*, comme on dit; homme de rien dans lequel il y a l'étoffe de dix héros, la mesure de vingt gloires; un homme de rien dont l'intelligence a vu plus clair que ma science à moi; un homme de rien dont le bon sens a prévalu sur mes calculs d'homme instruit. Oui, c'est M. Bornichon, mon ami, mon frère!.... Je veux que vous l'aimiez aussi, entendez-vous.

—Oh! mon père, dit Arsène, je l'aimais déjà bien: mais à présent comme je l'aime! à présent que vous lui devez la vie.

—Mieux que ça, ma fille, mieux que ça: je lui dois l'honneur !

VII

LES DEUX FRATERNITÉS

S'il y a au monde des gens qui ne pratiquent pas la *fraternité*, ce sont assurément ceux qui après février ont fait le plus de bruit avec ce mot: Fraternité; à savoir les républicains. Ainsi du reste des deux autres sœurs: *liberté, égalité*. Il est certain que si jamais quelqu'un a manqué au principe de la fraternité, si quelqu'un a porté à la liberté les coups les plus rudes, si quelqu'un a foulé aux pieds de la façon la plus indigne l'égalité tant préconisée par les charlatans de la République, ce sont les républicains. Nous croyons qu'il serait superflu de citer des exemples. Les souvenirs politiques de ces deux dernières années sont trop récents, les plaies qu'elles ont ouvertes dans notre corps social

sont encore trop saignantes, pour qu'il soit besoin de citer les uns et de raviver les autres.

Nous reviendrons donc à notre récit, qui
sera un exemple à ajouter aux autres. Puis-
se-t-il profiter aux ignorants et aux aveugles!

Charrier, sauvé par Chrétien, avait compté
sans cette fraternité socialiste que nous invo-
quions tout à l'heure.

Ses amis du club, ceux qui avaient pu s'é-
chapper, s'indignèrent de ce qu'il n'avait pas
partagé le sort de beaucoup d'entre eux. Ils
l'avaient vu sur les barricades, après l'avoir
vu à la tribune du *Cheval-Rouge* ; ils crièrent
à l'injustice commise au profit d'un propriétaire, d'un heureux du jour ; le fiel de la dé-
faite ranima une haine instinctive, oubliée
quelques jours par mégarde, la haine de tout
ce qui possède : Charrier fut dénoncé, arrêté,
et conduit au fort d'Aubervilliers, près Paris.

Fraternité socialiste !

Charrier accepta avec résignation cette
nouvelle épreuve ; il consola dignement sa
femme et Arsène, frappées aussi cruellement
que lui par ce coup inattendu ; il leur recom-

manda le calme, la patience et l'espérance, et partit en se maudissant lui-même, lui la cause des tourments de ces deux êtres chéris, lui à qui sa conscience criait: Tu l'as mérité.

Le jour même où son père fut arrêté, Arsène, sans prévenir sa mère, alors tout entière à sa douleur, et suivie du fidèle serviteur que nous connaissons déjà, s'informa de l'adresse de la mère de Chrétien et se rendit chez elle.

Mais la fatalité poursuivait cette famille. La mère de Bornichon était absente depuis plusieurs jours. Tout ce qu'on put apprendre à Arsène, c'est que la pauvre femme avait été obligée de s'enfuir. Dans le quartier populeux et révolutionnaire qu'elle habitait, on avait fait retomber sur elle le *crime* du fils qui avait combattu contre le *peuple* dans les rangs des *bourreaux*, comme disaient les braves gens: on avait menacé la mère ne pouvant se venger sur le fils, et elle avait dû quitter sa mansarde.

Arsène ne se découragea pas.

Elle alla, elle douce et craintive jeune fille,

à la caserne de l'Ave-Maria demander Chrétien ; mais depuis longtemps le bataillon avait changé de quartier ; il était maintenant rue Neuve-du-Luxembourg.

Arsène courut rue Neuve-du-Luxembourg.

Là Chrétien Bornichon était bien connu, puisqu'il avait été décoré sur le *champ de bataille*, c'est-à-dire sur les barricades mêmes, après l'action, par le général Cavaignac : mais une blessure qu'il avait reçue à la main avait en peu d'heures pris une gravité telle, qu'il était devenu nécessaire de le transporter à l'ambulance, de là sans doute à l'hôpital, à moins que....

Arsène ne laissa pas achever celui qui lui donnait ces détails. Chrétien mort ! mort sans qu'elle l'eût remercié ! mort sans qu'elle lui eût dit comme elle l'admirait, comme elle lui était reconnaissante, à lui le sauveur de son père ! Ce n'était pas possible !

Et le cœur de la jeune fille s'était serré à ce point, que la respiration lui manqua ; une angoisse mortelle parcourut tout son être, et un instant elle fut sur le point de perdre connaissance. Alors pour la première fois elle se demanda quel était le sentiment si puissant qui l'attachait à cet enfant du peuple, et elle s'avoua tout bas en rougissant que, si fort que fût celui de la reconnaissance, il ne devait pas faire ainsi souffrir.

Peut-être allait-elle, en s'interrogeant encore, nommer de son vrai nom l'émotion inouïe qu'elle éprouvait, l'intérêt extrême qu'elle prenait à ce jeune homme, lorsqu'une pensée vint chasser toutes les autres pensées, un souvenir vint prendre la place de tous les autres souvenirs : son père était en prison !

Elle alla partout, la pauvre enfant, partout où il y avait un espoir d'avoir des nouvelles du garde mobile, car elle était persuadée qu'il sauverait encore une fois son père ; mais toutes ses démarches furent vaines, tous ses efforts inutiles : on ne savait ce qu'était devenu Chrétien.

Au milieu du désordre inouï qu'avaient laissé derrière elles les funestes journées de juin, un seul moyen restait : parcourir tous les hôpitaux de Paris ! La courageuse jeune fille se promit de le faire le lendemain.

La nuit approchait ; elle rentra rue Lesdiguières, et raconta à sa mère, bien triste,
mais bien fière d'elle en l'écoutant, tout ce
qu'elle avait fait le jour.

Cependant le soir était venu.

Bien qu'on fût au mois de juin, — et il nous
en souvient, comme à tous ceux qui ont passé
sous les armes, couchés sur la pierre, ces nuits
fatales et sans sommeil, — la soirée était
froide comme une soirée d'avril. La lune, sur
son déclin, n'éclairait ni le ciel ni la terre ; les
réverbères brisés de la rue Lesdiguières n'y
jetaient même pas cette lueur terne et vacil-
lante qui au moins indique les objets si elle
ne les illumine.

Onze heures venaient de sonner. Le profond silence qui régnait alors dans la ville n'é-
tait interrompu à de courts intervalles que par
le cri uniforme des sentinelles répétant l'une
après l'autre cette phrase, pleine de menace et
d'inquiétude : « Sentinelles, prenez garde à
vous. » Paris était gardé avec toute la rigueur
militaire de l'état de siége, et la rue Lesdi-

guières avait, comme les autres rues de Paris, son escouade de soldats, son mot d'ordre et ses factionnaires ; toutefois ces factionnaires n'avaient été placés que là où pouvait être le danger, c'est-à-dire aux deux extrémités de la rue

Or, au moment même où onze heures venaient de sonner, deux hommes, sortant d'une des maisons de la rue, s'avancèrent vers le factionnaire qui gardait les abords de la place à laquelle elle aboutit, et répondirent au « Qui vive ! » qui leur fut adressé, par le mot de passe sans doute, puisqu'ils purent s'avancer au-delà de la place. Prenant alors à gauche, ils s'engagèrent dans un passage étroit qui aboutit au boulevard Bourdon, et arrivèrent sans difficultés jusqu'au pied du mur qui sert de clôture à l'hôtel Raymond.

Après avoir regardé avec attention autour d'eux, ils se hissèrent à l'aide d'une corde à nœuds terminée par un crampon de fer, jusqu'à la crête du mur ; et, abandonnant leur corde cachée dans l'ombre, ils se glissèrent le long d'un arbre jusqu'au sol du jardin.

Il fallait parfaitement connaître les localités et être bien sûrs de soi pour tenter une escalade à cette heure et dans les circonstances exceptionnelles où on se trouvait. Mais les deux hommes paraissaient avoir tout prévu.

Ils n'avaient pas tout prévu cependant; car, en sondant l'ombre qui les entourait, ils eussent pu voir à vingt pas d'eux, placé dans un angle obscur, un homme qui les regardait et suivait avec attention chacun de leurs mouvements.

Cependant les deux hommes, après avoir traversé doucement le jardin, ouvrirent, à l'aide d'une fausse clé, la porte alors fermée du vestibule

Mme Charrier et sa fille étaient assises auprès du feu, tristes et silencieuses, semblant oublier que l'heure du repos était venu. Est-il, en effet, du repos pour ceux dont le cœur souffre? Plongées toutes deux dans de pénibles réflexions, leurs yeux fixes étaient attachés, comme il arrive souvent à ceux qui pensent, aux mille figures bizarres qui se forment confuses et disparaissent pour renaître sous une autre forme dans le cœur du foyer incandescent.

Le timbre de la pendule qui frappa un seul coup, annonçant onze heures et demie, les tira en même temps de leur apathique engourdissement.

Toutes deux se levèrent.

Mais au moment même où elles se levaient, la porte de la chambre, placée derrière elles, s'ouvrit bruyamment, et dans la glace qu'elles avaient devant elles, elles virent deux hommes de mauvaise mine qui entraient.

Ces hommes étaient armés.

Les deux femmmes n'eurent point la force de pousser un cri, et retombèrent sur leurs chaises, n'osant regarder derrière elles.

Un pas lourd s'avança vers Mme Charrier, qui, pâle et tremblante, joignait les mains, implorant le Ciel, pendant qu'Arsène cachait son visage avec son mouchoir.

Puis une voix dit :

— Où est ton argent?

— Monsieur ! fit la pauvre femme, plus morte que vive.

Barbès

— Où est ton argent, répéta la voix.

Et le cercle de fer d'un pistolet se posa sur son front.

— Oh! ma mère, s'écria Arsène, qui avait vu le danger, donne ton argent!

Mme Charrier s'était levée, saisie de terreur.

Mais, à ce moment, un homme entra dans la chambre.

Son œil jette des éclairs; la résolution et la colère sont peintes sur ses traits, pâles et défaits. C'est un soldat; sur son uniforme entr'ouvert brille une large croix de la Légion-d'Honneur, suspendue à un cordon rouge, dont la pourpre éclatante indique assez qu'il n'y a pas longtemps que cette croix a été attachée là.

A la main, il tient un de ces poignards courts et à deux tranchants qui ont remplacé le sabre-briquet de l'infanterie.

Avant que les deux malfaiteurs se soient aperçus de son apparition, il en a frappé un en pleine poitrine. Le misérable a roulé à terre en jetant un cri.

A ce cri les deux femmes et l'homme qui menace se sont retournés.

— Chrétien ! c'est le seul mot qu'elles puissent prononcer, mais dans ce seul mot il y a mille actions de grâce pour le généreux enfant.

Chrétien, — car c'est bien lui, — s'élance vers son second adversaire. Une lutte terrible s'engage entre ces deux hommes, dont l'un s'efforce d'écarter le poignard qui le menace, en même temps que l'autre détourne le pistolet qui se dirige vers sa poitrine.

Enfin Chrétien, qui sent ses forces le trahir, parvient, par un suprême effort, à enlacer son adversaire de ses bras. Alors visage contre visage, poitrine contre poitrine, il voit pour la première fois la figure de son ennemi.

— Ah ! c'est ce gueux de Thibaudeau, s'écrie-t-il. Tu vas mourir, misérable !

Et dans un mouvement de rage qui lui fait retrouver un instant toute sa vigueur, il renverse Thibaudeau sous lui et le saisit à la gorge.

Les mains qui tout à l'heure serraient l'enfant de Paris deviennent inertes ; un râle d'agonie se fait entendre, et le pistolet du défenseur officieux près les tribunaux de paix va rouler sur le plancher.

Il était temps ; car Chrétien, qui s'efforce de se relever, chancelle à son tour ; le sang coule de sa main droite, l'animation de son visage disparaît et fait place à une pâleur mortelle. Sa blessure s'était rouverte dans la lutte.

Arsène a couru au jeune homme. Agenouillée près de lui, elle soutient sa tête et lui fait respirer des sels, en même temps qu'elle imbibe d'eau fraîche son front ruisselant de sueur, et qu'elle étanche le sang qui coule de sa main blessée.

Chrétien ne revient pas à lui.

Alors la jeune fille, oubliant sa timidité naturelle pour ne songer qu'à porter secours à son libérateur, lui ôte sa ceinture, ouvre son uniforme qui l'oppresse, le débarrasse de son col qui l'étouffe, et la poitrine nue du soldat s'offre aux yeux d'Arsène.

Sur cette poitrine est placée une petite médaille attachée à un cordon de soie. Arsène l'a reconnue : c'est sa médaille, elle n'a pas

quitté Chrétien ; et une délicieuse sensation
de bonheur fait tressaillir le cœur d'Arsène.
Involontairement, elle veut toucher cette médaille bénie et aimée, elle la saisit ; mais à
peine y a-t-elle porté la main, que Chrétien,
qui jusque-là n'a donné aucun signe, repousse
cette main, lui arrache la médaille, et la presse
contre lui, comme pour la protéger et la défendre.

Puis ses yeux se rouvrent, le sang revient
peu à peu à ses lèvres et à ses joues ; il jette
autour de lui un regard étonné ; mais quand
il aperçoit la jeune fille qui est à ses pieds, il
referme soudain ses yeux, et dit tout bas :
Oh ! mon Dieu, quel rêve ! Elle ! près de moi !

Cependant Mme Charrier, qui avait quitté
la chambre où se trouvaient Chrétien, Arsène,
et Thibaudeau, terrassé et râlant, venait de
rentrer avec le concierge et plusieurs personnes de la maison.

Mais c'est en vain qu'on cherche Thibaudeau ; il a disparu. Profitant sans doute de
l'état de faiblesse du garde mobile, et de la
préoccupation de la jeune fille, tout entière aux

soins qu'elle donnait au blessé, il a pu s'enfuir
par le jardin.

Lorsque Chrétien eut repris ses sens et re-
trouvé un peu de force, les deux femmes le
conjurèrent de rester à l'hôtel Raymond jusqu'à son parfait rétablissement.

— Demeurez près de nous, lui dit Mme Charrier, vous qui, après avoir tout fait pour sauver
mon mari, nous avez encore arrachées aux
mains d'assassins, au péril de votre vie. C'est
dans cette lutte que vous avez affrontée pour
nous que votre blessure s'est rouverte : n'est-il
pas juste que ce soit nous qui soignions notre
sauveur?

— Merci, madame, répondit Chrétien ;
merci de votre reconnaissance. Mais je ne
saurais accepter ni l'une ni l'autre. Ma place
n'est point ici ; ma tâche n'est point encore
terminée.... Que ma blessure ne vous inspire
point d'inquiétudes, je trouverai en mon cœur
la force qui manquerait à mon corps. Ne me
retenez donc point. Songez que votre mari est
prisonnier. Quelque chose me dit que l'humble enfant de Paris peut être de beaucoup pour

sa délivrance.... Adieu donc; de près ou de loin je veillerai sur vous.

Allez donc, généreux jeune homme; allez mettre le comble à votre dévoûment, à vos bienfaits. Dieu est juste, et de si nobles instincts ne sauraient vous être fatals; allez donc, suivi de nos vœux et de notre reconnaissance; allez conquérir un droit de plus à notre estime et à notre admiration.

Les deux femmes tendirent à Chrétien une main où il déposa un respectueux baiser. En relevant la tête, il rencontra le regard d'Arsène, et il lui sembla qu'il y avait dans ce regard toutes les espérances, tous les encouragements et tous les bonheurs.

— Oh! s'écria-t-il, je vous le ramènerai!

Quel changement inouï s'était donc opéré dans Chrétien! Ce n'était plus le pauvre enfant de la halle, roulant sa bosse au soir, le jour, sans s'inquiéter du lendemain, échangeant son esprit naturel contre une trivialité grossière; ce n'était plus le fier-à-bras de coin de rue ni le loustic de carrefour. Un sentiment profond avait pour ainsi dire régénéré tout son être. Les nobles instincts qui germaient dans son âme, et que les mauvaises fréquentations, l'aspect du vice honteux, de la débauche ignoble, avaient un instant étouffés étaient revenus vivaces à la surface de son cœur, écartant la boue dont la dépravation d'autrui l'avait couverte.

La robe d'innocence de cette jeune fille qui lui avait témoigné assez d'intérêt, à lui pauvre artisan, pour l'honorer d'un don qui devait, lui avait-elle dit, lui porter bonheur, avait, en quelque sorte, blanchi, purifié ce cœur que le spectacle de la dégradation des autres avait souillé, mais non perverti. Dès lors toutes les généreuses aspirations du jeune homme se réveillèrent en lui : sa témérité devint de la vaillance, sa violence naturelle une ardeur courageuse vers le droit et le bien ; et l'enfant désordonné, habitué à courir à l'aventure, sur le pavé de la capitale, devint un excellent soldat. Comme il aimait sans espérance, toute sa passion se traduisit en un dévoûment absolu, dont le mobile était l'objet aimé. Pour un mot de remercîment d'Arsène, pour son admiration, que n'eût pas fait Chrétien !

A peine sorti de l'hôtel Raymond, Chrétien se dirigea vers l'archevêché. Il y trouva l'abbé de Calonne. Il lui raconta en peu de mots les aventures de Victor Charrier, et la catastrophe qui l'avait frappé.

— Le martyr que j'ai suivi jusqu'à sa mort, dit-il en terminant, m'avait adressé, lorsque j'eus le bonheur de le sauver, — il doit vous en souvenir, M. l'abbé, — m'avait adressé ces paroles. que j'ai gardées en mon cœur : « N'oubliez pas, mon ami, que si jamais vous avez besoin de moi pour vous et pour les vôtres, vous trouverez toujours dans l'archevêque de Paris un père affectueux et un ami reconnaissant. » Mgr l'archevêque est mort ; mais vous, M. l'abbé, vous êtes encore là pour attester ces paroles. Seriez-vous prêt à le faire, si je vous le demandais ?

— Mon ami, dit l'abbé de Calonne, ému, le corps du martyr de la fraternité, de la charité et de l'amour de ses frères, est là près de nous. Comment voudriez-vous que les paroles de gratitude qu'il vous a adressées, et pour lui-même, et pour moi, ne fussent présentes à ma mémoire? Comment voudriez-vous qu'à deux pas de la dépouille mortelle de celui qui vous a dit : « Venez à moi aux jours d'infortune, » je refusasse d'acquitter sa dette et de le glorifier lui-même, en glorifiant la vérité!

— Je n'attendais pas moins de vous, M. l'abbé.... Partons donc....

— Partons ! Où allons-nous ?

— Chez le général Cavaignac.

L'abbé réfléchit un instant; puis, prenant la main de Chrétien :

— Qu'il soit fait, mon ami, selon votre désir; toutefois, je vous l'avoue, le caractère inflexible du général me laisse peu d'espoir, et en ce moment, surtout....

— Si vous ne réussissez pas à fléchir le général, peut-être y réussirai-je, fit Chrétien.

Une demi-heure après, l'abbé de Calonne et le garde mobile se présentaient à l'hôtel du général Cavaignac, rue de Verneuil, et étaient introduits auprès de lui.

L'abbé de Calonne exposa au directeur d'alors le motif qui l'amenait. Il rappela avec cette éloquence du cœur, si persuasive, parce qu'elle est facile et vraie, les circonstances critiques dans lesquelles Victor Charrier avait offert l'hospitalité à l'archevêque et à lui-même, le 24 février, après que Bornichon les eut sauvés des mains des émeutiers.

— Vous le voyez, général, dit-il enfin, Victor Charrier n'a pas été un des soldats de l'insurrection, mais il a été entraîné par elle. C'est un cœur généreux, une âme noble et compatissante, mais un esprit à courte vue qui n'a pas songé que la pente des révolutions est glissante, et que, dans les temps où nous vivons, il faut s'étudier à réprimer et non à réformer. D'ailleurs sa position plaide en sa faveur. Il est propriétaire aisé, père de famille, chérissant les siens comme il est chéri par eux. Rien ne peut motiver de sa part une coopération à l'épouvantable insurrection qui vient d'ensanglanter Paris.

Le général arrêta sur l'abbé son regard dur, fixe et profond.

— M. l'abbé, dit-il, après un moment de

silence, Victor Charrier est, je le vois, du nombre de ces hommes à tout vent, de ces bourgeois sans convictions politiques réelles, qui perdent les États par leurs coups de tête et leurs *sensibleries;* de ces bourgeois qui font de l'opposition, parce que leur boutique va mal, ou parce que leur maison ne se loue pas; de ces bourgeois qui prétendent donner des leçons au pouvoir et qui perdent le pouvoir avec eux. Quelquefois, par une permission d'en haut, la folie de ces hommes sert, sans qu'ils le veulent, les intérêts du peuple. La révolution de février est là pour l'attester; mais c'est là une exception, et vous verrez, M. l'abbé, que cet esprit étroit d'égoïsme de *boutique,* j'ai dit le mot tout à l'heure, et je le répète, parce qu'il est vrai, cette habitude de vouloir tout critiquer, tout diriger et tout savoir, se tourneront contre la république, comme ils se sont tournés contre la monarchie. Ces hommes-là, — et Victor Charrier fait partie de ceux-là, je le devine, d'après ce que vous m'avez dit, — ces hommes-là sont la plaie d'un pays; ces modérés immodérés qui ne sont jamais satisfaits de rien, et qui mêlent les intérêts de leur pot au feu aux intérêts du pays, sont ceux qui amènent la chute des gouvernements. Ils poussent à la roue jusqu'à l'ornière, puis ils s'étonnent que le char verse.

Béotiens de toutes les époques, qui courent le nez au vent, criant « A bas les ordonnances ! » ou « Vive la réforme ! » suivant les temps ; ces hommes-là, je vous le dis, M. l'abbé, sont ceux qui font les révolutions plutôt que les républicains.

— Mais les républicains en profitent, laissa échapper l'abbé.

Le général se mordit les lèvres et parut ne pas avoir entendu.

— Donc, monsieur l'abbé, reprit-il d'un ton sec et cassant, Victor Charrier, malgré les souvenirs puissants que vous invoquez, malgré votre bienveillante intervention, doit servir d'exemple. Je ne dis pas que plus tard la clémence que vous implorez pour lui ne viendra pas. Je me souviendrai de lui, et quand une détention préventive lui aura donné

Mgr Affre

le temps de réfléchir, je le rendrai corrigé sans doute à sa famille et à vous.

Le mot de l'abbé, trop vrai pour ne pas blesser le général républicain, avait tout perdu.

Chrétien, qui se tenait à l'écart, le comprit. Jusqu'alors le général ne l'avait point remarqué ; occupé de sa conversation avec l'abbé, il n'avait pas reconnu dans le jeune garde mobile, dont une large cravate noire qui servait à soutenir son bras blessé cachait la croix, un des récents légionnaires des journées de juin.

Au moment où l'abbé s'apprêtait à réparer, s'il était possible, la bévue qu'il avait commise, Chrétien s'avança vers le général, qui avait pris une plume et se disposait à écrire.

Détachant la croix qui brillait sur sa poitrine, il la déposa sur la table placée auprès du général.

— Général, dit-il d'une voix ferme, mais dont l'accent laissait percer l'émotion qu'il ressentait, c'est vous qui m'avez donné, à moi soldat d'hier, cette croix que de braves vétérans couverts de blessures et de gloire ne remportent pas toujours dans leurs foyers après trente ans de service et de dévouement ; vous m'avez donc accordé, général, la plus brillante récompense qui puisse être accordée à un soldat.... Eh bien ! cette croix, je vous la rends, reprenez-la. En échange, je ne vous demande qu'une chose, la grâce que vous venez de refuser à la mémoire du prêtre martyr, aux prières de celui qui a partagé ses dangers. Cette grâce, voyez-vous, général, me serait aussi précieuse que si c'était celle de mon père :.... me la refuserez-vous ?

Le chef du pouvoir exécutif contempla quelques instants le jeune garde mobile. Sa physionomie était restée froide et impassible ; cependant elle ne dénotait ni impatience ni colère.

Il prit sur la table la croix que Chrétien y avait posée, et la lui rendant :

— Je ne reprends jamais, dit-il, ce que j'ai donné....

Chrétien baissa la tête, le cœur navré de douleur.

— Mais je rends quelquefois ce que j'ai pris, ajouta le général.

Et, écrivant quelques mots, et les remettant à Chrétien :

— Voici la grâce de Victor Charrier. — Pardon, monsieur l'abbé, dit-il en se tournant vers l'abbé de Calonne ; pardon d'avoir accordé à la vaillance et au courage ce que je refusais à la charité et à la religion ; c'est que sur nous autres militaires, Jéhova, dieu des armées, est plus puissant que Jésus-Christ, dieu des faibles et des opprimés.

L'abbé de Calonne s'inclina ; mais un sourire amer et railleur passa sur ses lèvres.

— Jésus-Christ, dieu des faibles et des opprimés, répondit-il, Jéhova, dieu des armées et des forts, c'est le même dieu, le dieu de tous les hommes, qu'ils soient grands ou petits, superbes ou humbles, le dieu de tous les États, qu'ils s'appellent empires, royautés ou républiques.

Le général n'écoutait plus l'abbé.

— Allez, jeune homme, dit-il à Chrétien,

allez donner la liberté à votre ami, à votre protégé. Gardez cette croix que vous avez bien gagnée, et portez-la fièrement. Sachez la faire respecter et la respecter vous-même.

Puis il ajouta en tendant la main à l'enfant de Paris :

— Surtout, guérissez-vous vite : qui sait? Nous aurons peut-être besoin de vous.

Et l'abbé de Calonne et Chrétien prirent congé du chef du pouvoir exécutif.

— Sans vous, mon ami, dit l'abbé au jeune homme, Victor Charrier courait grand risque de passer quelques mois au fort d'Aubervilliers.

Vous devez être bien heureux en ce moment, car vous avez la satisfaction d'une bonne œuvre accomplie. Vous avez pratiqué aujourd'hui la véritable fraternité. La Providence vous en récompensera.

Et le prêtre et le garde mobile se séparèrent.

Ce dernier vola rue Lesdiguières, traversa en courant la cour de l'hôtel Raymond, entra

comme un boulet dans la chambre où se tenaient Mme Charrier et sa fille :

— Sauvé ! s'écria-t-il, le front rayonnant,
la voix remplie d'une ineffable émotion ; sauvé !
Au fort d'Aubervilliers !

VIII

CHAPELLE ARDENTE DE L'ARCHEVÊCHÉ

Le jeudi 6 juillet 1848, deux hommes entraient à l'archevêché, rue Saint-Louis-en-
l'Ile, laissant derrière eux la foule recueillie
qui se pressait aux portes, et se dirigeaient
vers la chapelle ardente dans laquelle était
exposé le corps de l'archevêque.

Cette chapelle était située au rez-de-chaus-
sée de l'aile du fond. On entrait à gauche de
l'escalier dans une pièce tendue de noir, à
l'entrée de laquelle se tenait le suisse de
Notre-Dame. L'entrée de la chapelle ardente
se trouvait à gauche.

Sous un dais à quenouilles tendu de noir,
liseré de blanc, placé au milieu, et adossé
au mur, était exposé le corps de Mgr Denis-
Auguste Affre, archevêque de Paris, mort

pour la cause de la fraternité et de la charité, sur les barricades du faubourg Saint-Antoine.

A droite et à gauche se tenait le clergé, près de deux petits autels, parallèlement placés.

Sur le mur du fond, des deux côtés du lit, on lisait deux inscriptions identiques, ainsi conçues :

« *Que la paix soit avec vous....* ».

« *Le bon pasteur donne sa vie pour ses brebis.* »

Le corps de l'archevêque était placé sur le dos, la tête un peu plus élevée que les pieds, la mitre en tête, et revêtu de ses habits pontificaux ; la face et les mains étaient à découvert.

Deux ecclésiastiques, placés aux deux côtés du lit, psalmodiaient, avec des larmes dans la voix, les prières du Rituel.

Un autre prêtre, debout aux pieds du corps, faisait toucher à la main droite de l'archevêque les objets qu'on lui présentait, des anneaux, des médailles, le sabre des soldats, l'épée des officiers.

C'était l'abbé de Calonne.

Les deux hommes que nous avons vus arriver à l'archevêché entrèrent dans la chapelle ardente.

L'un de ces hommes était Victor Charrier.

Il était bien changé. Ses cheveux avaient blanchi dans ces quelques jours de désordre, où tant de secousses morales étaient venues le frapper. Une tristesse profonde était peinte sur ses traits, et quand il fut parvenu au lit d'apparat où reposait pour l'éternité l'archevêque, qui avait été son hôte, mille souvenirs navrants lui revinrent à la mémoire, et il s'agenouilla en sanglotant.

Celui qui l'accompagnait était Chrétien Bornichon.

Chrétien jeta sur la figure du prélat, à laquelle la mort et les souffrances n'avaient rien enlevé de son expression digne et calme, un regard plein de regret. Une larme brilla dans ses yeux, et, détachant lentement une médaille qu'il portait sous son uniforme, il la présenta à l'abbé de Calonne.

L'abbé prit la médaille, l'approcha de la

main de l'archevêque, puis la rendit à Chrétien.

— Il l'avait bénie vivant, dit tout bas le jeune homme, et elle m'a porté bonheur. Bénie de nouveau par le martyr, qui sait ce qu'elle me donnera !

Cependant, Victor Charrier, agenouillé, restait immobile, pleurant toujours au pied du lit funèbre.

Le spectacle de cet homme, qui pleurait ainsi devant le corps du prélat, ajoutait une nouvelle et émouvante tristesse à la tristesse déjà si grande des circonstances et du lieu.

L'abbé de Calonne s'approcha de lui.

— Relevez-vous, mon frère, dit-il à Charrier, et rappelez votre courage. Votre repentir et vos larmes ne vous ont-ils pas absous ? La résignation du martyr qui est devant vous n'est-elle pas un encouragement et un exemple ?

— Merci, monsieur l'abbé, merci de vos bonnes paroles. Oh oui ! j'ai l'avenir pour me réhabiliter !...Mais, avant de quitter ces lieux, permettez-moi de vous remercier du fond du cœur, comme je remercie la mémoire de celui qui est là gisant, victime des horreurs de la guerre civile ; permettez-moi de vous remercier de la liberté que je vous dois.

— Monsieur, répondit l'abbé de Calonne, on vous a trompé. Ce n'est ni à moi ni même au souvenir du prélat martyr que vous devez votre liberté, mais à ce jeune homme (et il montra Chrétien, alors absorbé dans ses réflexions), à ce jeune homme qui a offert au général Cavaignac la croix qu'il avait gagnée au péril de sa vie, en échange de votre délivrance.

— Lui ! encore lui ! fit Charrier en contemplant le jeune soldat avec admiration. Coinment pourrai-je jamais m'acquitter envers lui ?

— Monsieur, répondit l'abbé de Calonne, — et sa voix devint si basse, que c'est à peine si Charrier l'entendit, — ce jeune soldat est un noble cœur, un grand caractère ; pauvre et sorti de bien bas, il porte en lui tous les s enti-ments élevés, toutes les heureuses aspirations vers le bien ; mais ce jeune homme doit avoir en son cœur un secret qui fait sa force et qui est sa récompense. Peut-être un attachement, basé sur l'estime et sur des impressions plus douces encore, vous permettra-t-il de le récompenser comme il le mérite.

L'abbé de Calonne n'en put dire davantage. Une femme lui présenta un anneau d'argent pour le faire toucher à la main de l'archevêque.

Charrier et Chrétien quittèrent la chapelle ardente.

Comme ils marchaient :

— Quelle est donc, demanda Charrier au garde mobile, cette médaille que vous avez remise à l'abbé de Calonne pour la faire bénir par le prêtre martyr ?

— C'est, répondit Chrétien en rougissant, une médaille que M{ll}{e} Arsène m'a donnée dans le temps, lors de mon entrée dans la garde mobile. Elle était déjà bénie par l'archevêque, et M{ll}{e} votre fille m'avait dit qu'elle me porterait bonheur. Elle ne s'est pas trompée, vous le voyez, je vous ai sauvé.... et j'ai la croix.

— L'abbé de Calonne m'a dit vrai, fit tout bas Charrier en voyant l'embarras du jeune homme : tant mieux ! je pourrai du moins reconnaître tant de dévouement.

Puis élevant la voix :

— Oui, vous avez raison, mon ami, cette médaille a porté bonheur à tout le monde : puisse-t-elle un jour vous aider à réaliser toutes vos espérances, vous faire trouver une épouse digne de vous, une vie heureuse et paisible dans un intérieur aimé, loin des tracas de la politique et des utopies irréalisables !

— Une épouse ! fit Chrétien avec émotion. Je ne suis qu'un pauvre ouvrier, et mon cœur a tant changé depuis quelque temps que j'ai presque oublié mon origine et mes habitudes du passé. Quelle femme prendrai-je maintenant ?...

Chrétien s'arrêta, comme s'il eût craint d'en avoir trop dit.

— Mon ami, dit Charrier en lui prenant la main, ne vous inquiétez pas de cela, je vous trouverai une femme que vous aimerez....

— Oh! merci, monsieur, merci! Je resterai garçon.

— Que vous aimerez, vous dis-je;... que vous aimez peut-être déjà.

— Que j'aime? demanda Chrétien, étonné.

— Une femme dont vous avez sauvé deux fois le père, et que vous avez sauvée elle-même, ainsi que sa mère. Le voulez-vous, Chrétien?

— Est-ce possible! mon Dieu! s'écria l'enfant de Paris.

Ils étaient arrivés à l'hôtel Raymond.

En entrant dans le salon où Mme Charrier et Arsène étaient assises, le maître de la maison prit Chrétien par la main, et le présentant d'une manière en quelque sorte solennelle à sa femme.

— Voici, lui dit-il, votre sauveur et le mien. Vous plaît-il, comme à moi, ma chère amie, qu'il soit, dès aujourd'hui, lé fiancé d'Arsène?

— Mon ami, répondit Mme Charrier, vivement émue, qui le mériterait mieux que lui?

— Et vous, ma fille, acceptez-vous Chrétien pour fiancé?

La jeune fille rougit, et, levant sur le jeune homme et sur son père ses beaux yeux bleus mouillés de douces larmes :

— Mon père, dit-elle, m'aviez-vous donc devinée?

— Il ne reste plus maintenant qu'une personne à consulter.... Chrétien, voulez-vous être mon fils ?

Chrétien, ivre de joie, ne répondit pas. Charrier lui ouvrit les bras, il s'y précipita.

Se tournant alors vers Arsène, et tirant sa médaille de sa poitrine :

— Vous m'aviez bien dit qu'elle me porterait bonheur ! fit-il d'une voix émue . . .

.   .   .   .   .   .   :   .   .   .   .

Ici finit l'*histoire vraie*, que nous avions promise à nos lecteurs.

————

Est-il besoin d'ajouter que Victor Charrier a renoncé pour jamais à se mêler de politique. C'est pour lui une bête noire, une espèce de croquemitaine, avec lesquels on peut le faire sauver bien loin. Il se contente maintenant de vivre chez lui, pour les siens, au milieu d'un petit cercle d'amis, faisant tout le bien qu'il peut, ce qui ne l'empêche pas de passer pour un *aristo*, et d'être voué, pour le jour où la *sociale* viendra, à la vengeance des rouges et à l'exécration des socialistes. Que lui importe! Il compte que ce jour-là ne viendra pas.

Quant à Chrétien Bornichon, il est redevenu ouvrier. Lui-même l'a voulu ainsi. Contre-maître dans une des premières fabriques de bronzes de la capitale, il doit, dans quelques années, prendre la direction de la maison qui sera la dot d'Arsène.

Chaque jour, Chrétien s'instruit et acquiert les connaissances que son éducation première ne lui a point données; le travail, la persévérance et la volonté sont de puissants leviers en ce monde. Ce n'est et ce ne sera jamais un *lion*, un élégant du *Jockey-Club*, ni un roué de salon. Il ne porte pas de faux-cols monstres, et ses cheveux ne sont pas séparés par le milieu comme ceux d'une femme ou d'un sot. Il n'a ni les prétentions d'un niais titré, ni l'orgueil d'un riche ignorant; mais il a, —

on a pu s'en convaincre dans le cours de notre récit, — de l'intelligence, du cœur.... et un ruban rouge qu'il a bien gagné.

Sa mère vit heureuse auprès de lui....

L'avenir, on le voit, se présente sous de riantes couleurs pour ces deux familles.

QUI VIVE?

HISTOIRE DU TEMPS DU PREMIER EMPIRE

I

La victoire de Fleurus venait de rendre la Belgique à la France. Les armées coalisées, chassées du sol français, avaient été forcées de porter le théâtre de la guerre sur le territoire ennemi. Vers la fin de septembre 1794, le général Kléber, commandant la gauche de l'armée de Sambre-et-Meuse, avait investi Maëstricht, qui comptait une garnison de 9,000 hommes, et qui menaçait de résister longtemps aux troupes républicaines. Au commencement de novembre, Kléber apprend que les Autrichiens se sont retranchés en deçà de la rivière de la Roër, dont les eaux, grossies par les pluies continuelles du mois de septembre, deviennent chaque jour

un rempart plus formidable. Le général n'hésite pas, il laisse devant Maëstricht 15,000
hommes, et, avec le reste de ses troupes, il
gagne à marches forcées les rives de la Roër,
où il établit son camp presque en face des re-
tranchements ennemis.

Les Autrichiens contemplent étonnés ce
corps d'armée que les privations ont épuisé,
mais dont rien n'égale l'audace et le courage,
si ce n'est la misère et le dénûment ; la brise
leur apporte les joyeux refrains, les chants
patriotiques de ces soldats en haillons, sans
souliers, souvent sans pain, que la nécessité
rend intrépides, et qui, confiants dans l'étoile
de la France, attendent patiemment des temps
meilleurs. Ils admirent sans le comprendre ce
patriotisme national qui les conduit en avant
et même sans cesse à la victoire, et ils écoutent
en tremblant les hymnes à la patrie que les
Français chantent en chœur, et qui tant de
fois déjà ont signalé leur triomphe.

Le découragement avait gagné l'armée autrichienne, la démoralisation avait envahi les
hordes stipendiées pour lesquelles héroïsme

et patrie n'étaient que de vains synonymes de devoir et de repos. Tout était triste et morne dans le camp ennemi. La joie et l'enthousiasme éclataient au milieu du camp français. Les soldats avaient abondance de pain et de vin pour deux jours : on avait rançonné le pays ; que leur fallait-il de plus ?

Donc le détachement français bivaquait en attendant le soleil du lendemain, qui devait éclairer un jour de bataille. De tous côtés, des groupes de soldats s'étaient formés, des tables s'étaient improvisées comme par enchantement : on eût dit que le génie guerrier de la France avait d'un coup de sa baguette magique fait sortir de terre des siéges, des feux et des cantines. L'armée française buvait, jouait et chantait, en espérance de l'ennemi.

Il était dix heures du soir ; peu à peu les mille bruits du bivac, répétés par les échos d'alentour, s'éteignaient comme les mille lumières qui scintillaient de loin en loin sur l'ombre immense projetée par cette masse d'hommes et de choses qui composent un camp ou une halte militaire. Pourtant quelques feux brûlaient encore çà et là, et les rires de quelques buveurs retentissaient de temps en temps sous les tentes des cantines.

Pas une étoile ne brillait au firmament, et le disque de la lune n'apparaissait à de rares intervalles, derrière les nuages noirs qui la voilaient, que comme la lueur blafarde d'une lanterne à travers la corne opaque qui l'entoure.

D'heure en heure des rondes silencieuses parcouraient le camp et enlevaient aux tables et aux verres les buveurs attardés. La discipline militaire, alors si ponctuelle, semblait s'être relâchée ce soir-là. Il est vrai que ces hommes qui buvaient et riaient à cette heure devaient, selon toute apparence, combattre le lendemain, et qu'aux chants et à la gaîté de la nuit succéderaient peut-être bientôt les gémissements de la douleur, les souffrances des blessés et l'agonie des mourants.

On riait donc et on buvait encore à dix heures dans le camp français Et, pour entendre les éclats joyeux et se convaincre de l'insouciance martiale des enfants de la

République à la veille d'un danger, il eût suffi
de pénétrer dans une des cantines établies à
l'extrémité de la position occupée par les Français, où plusieurs hommes attablés jouaient
aux cartes ou aux dés, et tenaient encore tête
à quelques pots de vin et de bière déjà à moi-
tié vidés.

— Parbleu, conscrit, disait à un tout jeune
homme assis en face de lui, sur un tronc d'arbre
équarri pour la circonstance, un vieux sergent
dont les chevrons et la moustache grise attes-
taient les longs et bons services, tu joues de
bonheur. Tu t'ennuyais devant Maëstricht à
te croiser les bras sous les murailles des Hol-
landais, et voilà que le général te fait faire
avec nous un petit voyage d'agrément jusqu'à
la Roër, pour te jeter dans les bras de nos bons
amis les Keiserliks, avec qui tu noueras sans
doute connaissance demain. — De plus, je te
fais l'honneur de te proposer une partie d'é-
carté que tu gagnes avec le même bonheur ; je
demande ma revanche, tu regagnes ; et voici
la belle, *petit*, que tu as l'air de vouloir me
gagner aussi. C'est trop de libertés à la fois,

sais-tu bien, *pétit* ?... Coupe. As-tu du cœur?

— Tu le verras demain, s'écria spontané-
ment le jeune conscrit en se levant de son
siége.

— Est-ce qu'une demande comme ça se
demande, reprit le vieux sergent en riant aux
éclats ; tu fais des calembourgs, farceur : je
pose du cœur et j'en demande, voilà tout !...
As-tu du cœur ?

— Non, non, dit le conscrit, un peu confus
des rires bruyants que sa méprise avait fait
naître autour de lui ; je coupe, et atout.

— Pique, mon garçon? as-tu du pique? Au
moins cette fois ne fais pas d'*amphilogique*,
pétit.

— Atout, et je recoupe.—C'est pour moi.

— Gagné encore.—Je tiens ce que jai dit,
conscrit : la chance te protége ; et, si Mars,
comme dit notre lieutenant, t'est aussi favo-
rable que la Fortune, il est probable que demain tu noirciras tes épaulettes neuves. En
attendant, vidons ce pot de vin ; ça me con-
solera d'avoir été rasé ce soir.

Et les deux joueurs se mirent à boire.

Le vétéran était devenu silencieux. Une pensée pénible semblait s'être emparée de son esprit: son front se rembrunit, et un nuage de tristesse vint assombrir son visage. Puis ses yeux, en s'arrêtant sur le jeune homme placé près de lui, prirent une expression singulière de douceur et d'attendrissement. On eût dit qu'il cherchait à analyser un à un tous les traits de cette figure juvénile, et que cette contemplation lui rappelait un souvenir ou lui inspirait un regret.

Cet examen, qui l'absorbait tout entier, dura assez longtemps pour impatienter celui qui en était l'objet.

— Sergent, dit-il avec une expression de mauvaise humeur qu'il ne cherchait pas à dissimuler, tu me regardes depuis une heure comme une bête curieuse ou une procession de l'ex-fête-Dieu. Ma figure a-t-elle donc quelque chose d'extraordinaire?

— Ah! pardon, *petit*, reprit le sergent, arraché tout à coup a sa rêverie : non! non! ta figure n'a rien d'extraordinaire; mais, vois-tu, ta fierté de tout à l'heure t'a gagné mon amitié, et je te regarde, parce que tu dois être fier et courageux, parce qu'enfin tu as de l'avenir. De l'avenir, entends-tu ? Ce que je n'ai plus, moi. —Ce n'est pas de l'envie au moins, conscrit ; c'est de l'intérêt, —un peu de regret, si tu veux.

— De regret ! répéta le soldat.

— Eh ! oui, de regret. Je me rappelle le temps où j'avais ton âge : j'étais solide aussi, vois-tu, conscrit ; — mais à présent je ne suis plus bon à rien qu'à faire encore un petit peu le coup de fusil, et à apprendre aux jeunes à le faire. — Tandis que là-dedans, dit-il en s'animant, et en serrant le bras du jeune homme, il y a du sang de vingt ans, de la force, du feu, mille baïonnettes ! Ça, au contraire, ajouta-t-il en montrant ses bras, ça a servi, ça a fait son temps, c'est usé. Ça attend les Invalides. — Encore un peu, et les autres m'appelleront vieille culotte de peau. — Au lieu que toi, *petit*, si tu veux, c'est moi qui te le dis, tu parviendras. Tu es jeune, tu es brave, j'en suis sûr, et tu ne porteras pas longtemps le fusil *de la munition* sur ton épaule.

Le conscrit était ému. — Merci, sergent; merci! s'écria-t-il en prenant la main du vétéran : puissiez-vous dire vrai! Pour moi, si je réussis, je n'oublierai jamais que c'est le sergent Lagrange qui le premier m'a prédit ma fortune militaire. — Je n'ai ni parent ni ami, voulez-vous être le mien ?

— De tout cœur, *pétit* ! fit le vieux soldat en serrant à la briser la main que lui tendait le jeune homme.

Puis, se tournant vers une cantinière qui dormait dans un coin de la hutte, enveloppée dans une peau de mouton, et tenait dans ses bras un enfant de dix ou douze ans: — En revanche, ajouta-t-il, si je prends trop tôt ma feuille de route pour le grand voyage, et que ma prédiction se réalise, promets-moi d'aimer et de protéger cette brave et digne femme qui dort là-bas avec cet enfant qui me touche de près. Car, moi parti, il ne leur restera plus personne.

— Je le jure !

— Ah ! c'est que vois-tu, celle-là m'a suivi partout ; c'est une brave et digne femme que Catherine, brave jusqu'aux dents, bonne jus-

qu'au bout des cheveux. — Ma pauvre Catherine ! Et le *petit* ! c'est déjà méchant comme
un boulet de vingt-quatre. — Mais voilà que
je m'attendris et que je m'attriste. — Buvons,
corbleu ! — Le vin chassera les idées noires.

— Buvons, sergent, aussi bien je n'ai pas
longtemps à rester avec toi : mon tour de
faction est pour minuit, et il n'en est pas loin.

Le vétéran versa successivement plusieurs
rasades.

Le conscrit vidait son verre chaque fois que
le sergent le remplissait.

Or il arriva que lorsque minuit vint, et
que le conscrit partit pour aller à son poste,
la tête animée, le cerveau brûlant, le cœur
plein d'espérance, ses jambes le soutenaient à
peine.

Les paroles du sergent et le vin de la cantine l'avaient enivré.

Toutefois il fut assez maître de lui pour
gagner avec ses camarades le poste d'avant-
garde, où on le conduisit près de la rivière, sans
que personne s'aperçût de son état.

Seule, une femme avait tout deviné. C'était

Catherine, qui avait entendu la fin de la conversation du sergent Lagrange et du conscrit, et qui depuis ce moment n'avait pas perdu de vue ce dernier.

Quand il fut sorti de la cantine, où Lagrange s'était endormi sur la table, Catherine entoura, avec un soin extrême, le petit César dans la couverture qu'elle partageait avec lui ; elle le plaça dans l'endroit le plus commode qui fût sous ce toit improvisé ; puis, jetant un regard de tendresse et d'amour maternel à son enfant, elle sortit aussi de la cantine.

Le jeune soldat avait bravement gagné son poste. Mais, le grand air de la nuit acheva complétement ce que le vin du bivac avait déjà bien avancé. Les artères du front lui battirent si fort, qu'il lui sembla entendre autour de lui les décharges de mousqueterie de toute l'armée ; une chaleur subite lui monta au visage, comme si un baril de poudre eût éclaté tout près de lui ; puis cette chaleur passa tout à coup, et un frisson glacial le saisit depuis le bout des cheveux jusqu'au bout des doigts, et à la plante des pieds ; son fusil trem-

blait dans ses mains, et il lui fallut s'appuyer,
pour se soutenir, sur cette arme qu'il devait
garder et soutenir sans cesse. Alors il se passa
quelque chose d'étrange, d'impossible à dé-
crire.

Des cavaliers de feu couraient autour de
lui sans toucher la terre, se combattant les
uns les autres, en se jetant des flammes qui
l'éblouissaient ; puis il vit la rivière, qui coulait à cinq cents pas de lui, rougir, rougir, jusqu'à devenir couleur de sang ; et des hommes
blessés, tombant dans les flots, rougissaient
encore ces flots du sang qui coulait de leurs
blessures. Alors ce fut en vain que ses mains
étreignirent l'arme qui le soutenait. Puis, au
milieu de ces flots, il lui sembla voir une barque et des uniformes autrichiens ; il voulut
armer son fusil, faire feu ; mais la force lui
manqua, et le bruit d'un fer et d'un corps
tombant ensemble résonna au loin, en passant
dans les grandes herbes qui bordaient le fleuve.

Tout devint silence.

Ce silence dura quelques minutes.

Tout à coup une voix se fit entendre ; une voix

ferme, mais claire, qui semblait poussée par
une femme :

Qui vive ?

Le bruit d'un coup de feu retentit, que le
vent emporta vers la rivière ; d'autres coups
de feu répondirent ; puis un cri immense,
solennel, terrible ; cri répété par mille voix
humaines : *Aux armes !*

Ce cri partait du camp français.

En une minute, le corps d'armée entier
était sur pied. Le général était à cheval à la
tête de ses soldats.

Deux heures après, plus de cent prisonniers
autrichiens étaient gardés à vue dans une
chaumière délabrée, voisine de la tente occupée
par le général en chef.

Les Autrichiens avaient, à la faveur de la
nuit et de l'obscurité, tenté de surprendre
l'armée française en passant la rivière ; ils
espéraient tomber à l'improviste sur le camp
endormi. Cette tentative avait échoué, grâce
au coup de feu qui avait donné l'alarme.

Deux heures après, aussi, à l'ambulance,
une femme, une vivandière, Catherine, posait

le premier appareil sur une blessure assez
grave qu'avait reçue un jeune conscrit de l'armée.

Ce conscrit qui avait averti le camp, par
un coup de feu, de la tentative des Autrichiens,
avait été frappé à l'épaule d'une des balles
ennemies qui avaient répondu à la sienne.

Ce soldat était celui à qui le père Lagrange
promettait, quelques heures avant, un brillant
avenir militaire.

La prédiction du vieux sergent commençait
à s'accomplir.

Le lendemain, le général en chef décernait
au jeune Dieudonné Rimbaud un mousquet
d'honneur, pour sa belle conduite dans la nuit
du 4 novembre 1794.

Lorsqu'on annonça cette nouvelle au blessé,
le délire l'avait quitté depuis la veille : il se
leva sur son séant ; ses yeux devinrent fixes en
hagards :

— Cette récompense, s'écria-t-il, dites au
général que je ne l'ai pas méritée !.... Ce cri
d'alarme ! l'entendez-vous ? *Qui vive ?*...

La voix expira sur ses lèvres.

— Pauvre jeune homme ! dit vivement Catherine la vivandière, qui ne l'avait pas quitté, voilà son délire qui le reprend.

II

La paix de Tilsitt venait d'être signée. Le 9 juillet 1807, l'empereur Napoléon et l'empereur Alexandre s'étaient embrassés sur le radeau du Niémen, et le **27** juillet Napoléon était de retour à Paris, n'ayant plus d'autre ennemi que l'Angleterre; mais l'Angleterre constante dans sa haine, l'Angleterre qu'il a frappée d'interdit, et qui, toujours debout et menaçante aux deux extrémités du continent, soulève contre la France de nouveaux adversaires, la Suède et le Portugal.

L'armée russe n'avait pu venger l'armée autrichienne d'Ulm, la victoire avait encore une fois protégé la France ; mais de tous côtés la lutte s'étendait, et les intrigues de la Grande-Bretagne trouvaient partout des peuples disposés à repousser la domination étrangère.

La Hollande, froissée dans ses intérêts commerciaux par le blocus continental; l'Autriche, vaincue et humiliée, mais non soumise; le Portugal et l'Espagne, menacés dans leur nationalité, travaillaient ensemble, dans l'ombre, à l'œuvre de réaction politique qui devait bientôt éclater et ébranler la fortune de Napoléon

D'un coup d'œil, le génie de l'empereur à tout compris, tout calculé. C'est l'Angleterre qu'il faut frapper : il frappera l'Angleterre. Alexandre s'est engagé à marcher contre Gustave IV, roi de Suède. A Alexandre le Nord, aux soldats français le Midi. L'envahissement du Portugal est décidé.

Les régiments qui venaient de vaincre les lignes russes, qui des bords de la Vistule avaient volé avec la rapidité de l'aigle aux bords du Niémen, rentraient en France, comme l'empereur le leur avait promis; mais non pour jouir du repos que méritaient leurs travaux et leur bravoure La paix de Tilsitt n'était que le prélude de nouvelles expéditions; et ces hommes qui venaient de vaincre le Nord devaient bientôt imposer au Midi la puissance de leurs armes.

Au commencement de septembre 1808, le quatrième régiment d'infanterie de ligne, détaché de la division Vandamme, qui avait assisté à la bataille d'Austerlitz, reçut l'ordre, ainsi que plusieurs autre régiments déjà aguerris, de se rendre en toute hâte à la frontière. Toutefois le quatrième régiment d'infanterie de ligne devait s'arrêter huit jours à Tarbes, pour laisser au reste de la division le temps de prendre les devants, afin de ne pas effrayer les populations par un déploiement de forces aussi considérables.

Le général commandant la divion était aussi resté à Tarbes.

Or, le lendemain du jour où le détachement français avait réclamé pour huit jours l'hospitalité forcée des habitants, un sergent âgé de 20 ans à peine, connu dans le régiment pour sa bonne conduite et son exactitude à remplir les devoirs de la discipline militaire, avait subitement disparu, abandonnant son gîte et ses armes, sans demander de permission à ses chefs, et sans confier à personne la cause de son absence.

On supposa tout d'abord qu'un accident avait empêché le jeune soldat, et pas un doute ne s'éleva sur la légitimité de cette absence. Deux jours s'écoulèrent sans qu'on eût de ses nouvelles, et les informations qu'on prit de tous côtés constatèrent que le sergent César avait tout à coup quitté la ville, à la réception d'une lettre qui lui avait été remise à la poste. Dès lors le doute ne fut plus permis, et le soleil du troisième jour se leva sans que César eût reparu sous les drapeaux.

Le régiment reçut l'ordre de se rendre en armes, à midi, sur la place principale de la ville.

Midi sonnait lorsque le général commandant la division arriva à cheval, suivi de plusieurs officiers.

Il ordonna qu'on fît l'appel du régiment.

L'appel commença.

Lorsque l'officier qui faisait cet appel prononça le nom du sergent César, aucune voix ne répondit dans les rangs.

— Où est ce soldat ? demanda vivement le général.

— Il a disparu depuis deux jours, général.

— Et il y a aujourd'hui trois jours qu'il ne s'est pas présenté : —cet homme a déserté ! — Colonel, nous allons entrer en pays ennemi, la guerre va s'ouvrir, la désertion est alors plus facile. Il faut donner ici un exemple qui agisse sur le moral de vos hommes. Prenez ceci, et lisez.

Le colonel prit un papier que lui tendait le général. Les tambours firent entendre un roulement.

Les soldats se regardèrent entre eux, s'étonnant de ce que l'appel ne continuât pas.

Le plus profond silence régnait dans les rangs.

Le colonel donna l'ordre que le régiment se formât en bataillon carré, et vînt se placer au milieu de ces quatre murailles humaines.

Les tambours résonnèrent de nouveau.

Puis le colonel lut ce qui suit :

« Le sergent César a déserté. La désertion
» est un crime puni par les lois militaires. C'est
» un crime, c'est un déshonneur. Le sergent
» César a déshonoré ses galons. Il est cassé

» de son grade, et sera renvoyé devant la
» justice militaire, qui prononcera. »

Un murmure presque insaisissable passa
dans les rangs ; mais les tambours battirent
encore, et on n'entendit plus rien que leur
voix stridente et cadencée.

Tout à coup un cri passa dans toutes les
bouches : « Le voilà. C'est lui. » Et un jeune
homme couvert de poussière, souillé de boue,
les traits altérés, les vêtements en désordre,
s'arrêta devant le colonel en portant la main
droite à son bonnet de police.

Celui-ci jeta sur le jeune homme un regard
de compassion : il avait deviné, au regard et à
la pose à la fois soumise et fière du jeune
soldat, qu'il avait cédé à un entraînement
irrésistible. Il s'arrêta quelques instants à le
contempler avec intérêt. La posture martiale
du sergent, ses yeux noirs, animés du feu de
la fièvre, sa chevelure en désordre, tout décelait que, si le soldat était coupable aux
yeux de la loi, il avait aux yeux de Dieu
et des hommes une noble excuse à faire va-
loir.

L'ex-sergent attendait toujours, la main à son bonnet, selon l'ordonnance.

A cet instant, le colonel tourna les yeux du côté du général. Il lui sembla que ce dernier le considérait avec impatience. Alors refoulant dans son cœur le sentiment de pitié qui le débordait, et subissant involontairement l'influence de la hiérarchie et de l'autocratie militaires, il dit au jeune homme :

— Vous avez déserté, monsieur. Le conseil de guerre décidera de votre sort.

Un vive rougeur monta au front du soldat.

— Je n'ai pas déserté, dit-il vivement, puisque je viens me livrer moi-même. J'en appelle à vous, colonel, à votre cœur. Ma mère était malade, à dix lieues de moi, bien malade. Je n'ai pu résister ; j'ai fait dix lieues pour la voir, pour l'embrasser, pour rester avec elle une heure; puis j'ai fait dix lieues pour revenir ici ; mais mes forces ont trahi mon courage, et je suis arrivé trop tard. Que la volonté de Dieu s'accomplisse ! J'ai été embrasser ma mère.

Colonel, vous pouvez me condamner à

mort, mais je ne suis pas un déserteur. — Je serai puni, mais non pas déshonoré.

Le colonel détourna la tête. Il fit un signe, et quatre hommes s'approchèrent pour arrêter César.

A ce moment l'énergie fiévreuse qui l'avait soutenu jusque-là, l'abandonna ; et, s'affaissant sur lui-même, il tomba lourdement sur le sol.

Le délit militaire existait. Un conseil de guerre devait juger César et décider de son sort. Dans les dispositions où paraissait être le général, à la veille d'une entrée en campagne, son arrêt ne pouvait être douteux.

Toutefois l'état de faiblesse de César fit que le jour du jugement fut retardé. — Enfin, le troisième jour, il parut devant ses juges. — Interrogé, il répondit comme il avait parlé au colonel. Il fut humble et fier à la fois : humble devant ces hommes qui étaient ses supérieurs, fier devant sa conscience.

César fut condamné à la peine de mort. L'arrêt devait être exécuté dans les vingt-quatre heures. César demanda ces vingt-quatre heures entières pour écrire ses adieux à sa mère et pour se recueillir.

Puis tout fut dit. La justice militaire avait prononcé.

La veille.du jour où César devait être passé par les armes, le général, qui habitait une maison de plaisance dans les environs de la ville, se promenait seul de long en large dans le jardin de la villa, en proie à une agitation extrême. Il tenait à la main et relisait pour la troisième fois une lettre qu'il venait de recevoir, laquelle était ainsi conçue :

— « Général, Vous avez été sans pitié pour le jeune soldat qui avait un moment oublié les devoirs de son état pour aller embrasser sa mère malade, qu'il n'avait pas vue depuis deux ans. N'avez-vous donc jamais connu la vôtre ? N'avez-vous pas pensé à la sienne, qui vous maudira ? — Jetez un regard en arrière, remontez aux premières années que vous avez passées sous les drapeaux, souvenez-vous, et peut-être alors l'indulgence et la compassion entreront-elles dans votre cœur. Quel homme n'a pas failli ? La clémence n'est pas toujours une vertu, elle est quelquefois une expiation. »

Le général froissa avec colère la lettre dans sa main.

— Pas de signature ! s'écria-t-il : oh ! je saurai... Mais à quelle circonstance de ma vie cette lettre fait-elle allusion ? Mes premières années militaires ? La Roër peut-être ?.. Quel souvenir !... Mais non ! Le sergent Lagrange est mort ; Catherine est morte aussi; car je ne l'ai jamais revue, jamais je n'ai entendu parler d'elle... Et ce soldat, ce César. — César !... ce nom n'était-il pas celui du fils de Catherine ?... Oh ! il faut que je sache...

Le général Rimbaud, car c'est bien le conscrit de 1795 que nous retrouvons douze ans plus tard avec le grade de général de division, fit appeler un aide-de-camp, et lui donna l'ordre de prendre les renseignements les plus précis sur le soldat qui venait d'être condamné à mort. La réponse ne se fit pas attendre : César de Lannois était fils d'un capitaine mort deux années auparavant sur le champ de bataille ; sa mère, veuve de ce capitaine, demeurait à Lourdes, à dix lieues de Tarbes. — Dieu soit loué ! fit le général . ce n'est pas César, le fils du sergent Lagrange et de Catherine. — Il faut que la justice militaire ait son cours... Mais qui a pu écrire cette lettre ?

Ainsi la pitié ne semblait pas l'émouvoir en faveur de ce jeune homme voué à la mort ; rien ne faisait battre sont cœur en présence de cette existence à peine commencée, brisée, dès ses premiers pas et à ses premières expériences, par l'inflexibilité du code militaire. C'était un remords et non la commisération qui agitaient le général. — La gloire et la fortune avaient bronzé le cœur de cet homme. Soldat parvenu, il oubliait qu'il avait été soldat aussi ; tous les sentiments généreux avaient fait place chez lui à une stricte observance de ses devoirs : pour lui, discipline et rigueur, pitié et faiblesse avaient le même sens. Il avait oublié ce principe religieux, qui est aussi un principe universel ; principe de droit, comme principe militaire :

« *La lettre tue et l'esprit vivifie.* »

La *lettre tuait* chez le général. — Rassuré dans son amour-propre et dans ses scrupules en apprenant la naissance du condamné, la

pensée ne lui vint pas de tenter de le sauver.
d'implorer pour lui la clémence de l'empereur. Sa pitié et ses souvenirs ne s'étendaient
pas au-delà des promesses de son passé.

III

Les informations que le général avait demandées sur le jeune soldat avaient fait naître partout l'espoir. On pensait que le chef prendrait en considération l'âge du coupable et la cause du délit. Mais rien de semblable n'arriva, et, contre l'attente de tous, des ordres furent donnés pour que l'exécution eût lieu.

Dans le cours de cette journée, une femme avait sollicité la faveur d'être reçue par le général. Cette femme était la mère de César de Lannois. L'entrevue qu'elle demandait lui fut refusée.

La nouvelle de l'exécution, pour laquelle on espérait un sursis, le refus fait à la mère du condamné, avaient indisposé les esprits. De tous côtés on murmurait tout haut contre l'inflexibilité du général. César était fils d'un militaire mort au champ d'honneur ; on prononçait tout bas dans la ville les mots d'injustice et de cruauté. Les esprits s'exaltaient et s'irritaient ; des groupes de soldats se portaient menaçants du côté de la prison où était retenu le condamné.

Le général fut informé de l'attitude mécontente du régiment ; aussitôt il quitta sa maison, et se rendit en personne, suivi seulement de quelque officiers, dans le quartier où était située la prison. A huit heures, la retraite battait dans la ville, et les soldats rentraient dans leurs logements sans qu'aucun acte d'insubordination ou de violence eût été commis.

Le général regagna seul la villa qu'il habitait.

Il était dix heures du soir. Le ciel s'était couvert tout à coup de nuages noirs ; par intervalle la foudre zébrait l'horizon de traînées de feu ; l'atmosphère était lourde et accablante. Un orage terrible se préparait au-dessus de la tête du général Rimbaud. Il pressa le pas, pour gagner sa demeure avant que la tempête éclatât ; mais à peine fut-il dans la campagne, que de grosses gouttes de pluie commencèrent à tomber, le ciel sembla s'illuminer tout entier, le tonnerre joignit sa voix majestueuse et terrible aux rafales du vent et au bruit de la pluie effondrant le sol et se précipitant sur les pentes en cataractes bruyantes et rapides. L'orage éclatait, un orage comme on n'en voit que dans les pays méridionaux, un orage entre les montagnes, le spectacle le plus sublime et le plus effrayant qui soit : la lutte des éléments en furie, un concert digne de l'enfer, où l'eau, le vent et le tonnerre font chacun leur partie, avec le ciel et la terre pour auditeurs.

Il n'y avait pas à revenir sur ses pas. Aucun abri ne s'offrait autour du général. Il continua à marcher, le feu sur la tête, l'eau sous les pieds, et arriva ainsi à cinquante pas de la villa.

A cet instant une traînée lumineuse éclaira, comme la lueur d'un immense incendie, la maison tout entière, ainsi que la sentinelle qui gardait la porte principale.

Le général approchait toujours.

Un épouvantable coup de tonnerre ébranla le sol sous ses pieds ; au même instant la sentinelle cria : *Qui vive ?*

Le général s'arrêta tout à coup, mais sans répondre.

Et la sentinelle répéta encore : *Qui vive !*

— Oh ! cette voix ! cette voix ! s'écria le général, sans répondre à la sommation militaire qui lui était faite ; cette voix, je la reconnais... Qui êtes-vous ?

Et il s'approcha de la sentinelle.

— Je suis, répondit-elle d'une voix ferme, celle qui a crié *Qui vive ?* aux bords de la Roër, pour le soldat Rimbaud, qui n'avait pas eu la force de se tenir debout à son poste, et qui était tombé ivre et inanimé à cette place où l'ennemi devait passer pour surprendre les Français. — Je suis celle qui a fait feu pour le soldat Rimbaud, qui avait abandonné ses armes. — Je suis la mère de César. — Je suis la veuve du capitaine de Lannois. — Je suis Catherine la vivandière.

Me reconnaissez-vous, général ? Je ne suis pas changée, moi. — Je n'ai rien oublié du bien que j'ai fait ; je n'ai rien laissé du bien que j'ai pu faire.—Le général Rimbaud en peut-il dire autant ?

Elle s'arrêta un instant, et reprit presque aussitôt : — Général, je viens vous demander de tenir votre parole. Vous avez juré au vieux Lagrange, qui est là-haut depuis longtemps, de protéger, lui parti, Catherine la vivandière et son fils César. La vivandière ne s'appelle plus Catherine ; elle est devenue la femme, la veuve d'un brave officier, non par ambition pour elle ; mais par ambition pour son enfant, à qui elle a caché le secret de sa naissance, pour lui donner le nom glorieux qu'elle a accepté, à défaut de celui de Lagrange, qui n'était plus là pour donner le sien : voilà tout.

— Général, il fallait sauver mon enfant, j'étais mourante ; mais j'ai trouvé la force de venir jusqu'ici ; je suis parvenue à toucher une bonne âme de soldat qui m'a prêté un uniforme, qui m'a cédé son poste. Punirez-vous aussi celui-là ?...

— Catherine, Catherine ! s'écria le général attendri ; venez, entrez, sans haine et sans honte, sous le toit du soldat Rimbaud. Pour vous, il n'est pas changé non plus. — Oh ! mes vingt ans, mes désirs, mes espérances, ma vie de soldat, mon cœur, tout ce qu'il y avait de beau et de bon en moi, qu'êtes-vous devenus ? J'avais oublié mes amis, j'avais oublié mes devoirs d'homme pour mes devoirs de soldat ; j'avais cuirassé mon âme contre la pitié, cette félicité qui est une vertu.... Catherine ! Catherine ! pauvre mère, pardonnez-moi.

Et le général tendit ses bras à Catherine, qui s'y précipita.

Le lendemain, le général Rimbaud adressait à l'Empereur une demande en grâce en faveur du sergent César de Lannois. Cette supplique était signée de tous les membres du conseil.

A cette pièce, le général avait joint une lettre, dans laquelle il donnait à l'empereur tous les détails de l'événement bizarre qui avait commencé sa fortune militaire, et où il recommandait à sa clémence César, et sa mère, Catherine la vivandière.

Quelques jours après, la réponse impatiemment attendue arriva.

Elle était conçue en ces termes, et tout entière de la main de l'Empereur.

— « Général, Je savais que vous étiez un brave, j'ai la preuve que vous êtes un noble cœur. — Avouer, comme vous le faites, les fautes du passé, c'est s'élever au-dessus des préjugés de l'humanité, c'est se grandir à ses propres yeux et aux yeux du reste des hommes. — Je vous accorde la grâce du sergent, et je me souviendrai de lui. »

Puis venaient quelques instructions.

— Etes-vous contente, Catherine ? dit le général en donnant cette lettre à la pauvre mère.

— Pas tout à fait, fit l'ex-vivandière en sautant au cou de Rimbaud, il faut que je vous embrasse.

FIN

TABLE DES MATIÈRES

—

FIN DE LA TABLE

Marie, ou l'Orpheline de Rupelmonde, par Mlle Victorine Séguin.

Rob-Roy, traduit librement de Walter-Scott, par M. Elliot de Saint-Oulph.

Légendes des Sept Péchés Capitaux, par M. Collin de Plancy.

Histoire d'Elisabeth, reine d'Angleterre, par Mme Mathilde Tarweld.

Histoire de Jeanne d'Arc, par M. l'abbé Beaussire.

Légendes des Commandements de Dieu, par M. Collin de Plancy.

Leçons-Modèles de littérature, prose.

Histoire universelle de l'Église et des Papes, par M. l'abbé Jorry.

Marie Stuart, par Mme Mathilde Tarweld.